DAS TOR IN DIE ZUKUNFT

LEMURIA 0

Natara®

Kamasha® Verlag

Jeder Buchstabe, jedes Wort, jeder Satz, jedes Zeichen hat eine eigene energetische Frequenz und Wirkung. In diesem Skript wurden viele Passagen direkt und unverändert aus der gesprochenen Sprache der Meister der Zukunft übernommen oder nach ihren Anweisungen wiedergegeben. Daher weichen Formulierungen, Satzbau, Rechtschreibung und Satzzeichen (z. B. Groß- und Kleinschreibung, Wort-Wiederholungen, unvollendete Sätze, fehlende Bindestriche) teilweise von den allgemeinen sprachlichen Regeln und der üblichen Schriftsprache bewusst ab.
Sei bereit, mit offenem Herz die wundervollen Wirkungen der göttlichen Botschaften schon beim Lesen zu erfahren.

Wir möchten den Leser mit diesem Buch in seinem Bewusstwerdungsprozess begleiten.
Dieses Buch soll ihn informieren, lehren, unterhalten und inspirieren.
Der Autor und der Verlag können für keinerlei Verluste oder Schäden verantwortlich oder schadensersatzpflichtig gemacht werden, die irgendjemandem direkt oder indirekt durch die in diesem Buch enthaltenen Informationen entstehen können.

Kamasha® Verlag – Bücher der Zukunft
Kamasha Versandhandel GmbH
Marie-Curie-Straße 6
36039 Fulda / Deutschland
verlag@kamasha.de
www.kamasha.de

ISBN: 978-3-936767-76-6
2. Auflage: Mai 2024, Erstausgabe: Dezember 2023
Umschlaggestaltung: Uta Kessler
Druck: Tausendfüssler Dialogmarketing
Bilder: Lizenzfrei von Pixabay
Satz und Layout: DRUCK+SATZ, www.drucksatz.com

Inhaltsverzeichnis

SVATYKANAU aus dem Lemurianischen Rat der Drei Meister der Heilung und der klärenden Liebe

Geliebte Lemuria-Familie,

Svatykanau ist da für die Kraft dieser Übertragung der lebendigen Erfahrung Lemurias. Denn es ist so wertvoll, dass ihr hier auf diesem heiligen Boden Lemurias seid. Dass ihr hier seid auf diesen heiligen Spuren dieses Ortes, dieses Kontinents, dieser Kreativität. Diese Momente des Lachens, diese Momente der Schönheit, diese Momente des Glücks, das Wasser, die Natur, die Kraft, Feuer, Wasser, Luft und Erde, zusammen ergibt es doch diese Heilung. Und es ist so wichtig, dass die Menschen wieder solche Plätze erfahren, dass die Menschen wieder solche Heilplätze wirklich aufsuchen, in Empfang nehmen, denn dieser heilige Boden ist ja immer auch noch mit Lemuria verbunden, mit diesem aufgestiegenen Kontinent. Deshalb ist es auch in eurer DNA gespeichert, weil es auf eurer DNA stattgefunden hat, dieser Aufstieg, und nicht dieser Abstieg. Nicht, dass sie alle voller Ego waren und dieses ganze Wahnsinnige, was über Atlantis und Lemuria so steht in den Büchern der Bücher der Bücher. Es geht um die Offenbarung der Freiheit, um die Offenbarung der Dimensionen, um die Offenbarung der Schönheit.

Diese Offenbarung ist so wichtig, wenn man Menschen mit Zellversammlungen jetzt trifft. Es sind so viele, und sie müssen endlich wieder aus dem Schock raus, denn in ihrer normalen Umgebung kommen sie nicht aus ihrem Schock raus. Man muss die Menschen an solche Plätze bringen, die wir euch schon genannt haben, denn die Menschen müssen aus ihrem Schock raus, wenn sie Zellversammlungen haben. Und so viele, viele Menschen haben durch die Vaccination so viele Zellversammlungen, und sie müssen aus dem Schock raus. Sie müssen wirklich ihr Zuhause verlassen und aus dem Schock raus und an solche Orte gehen, wo sie nichts sehen aus Meer, außer sich selbst, und nicht die ganze Ablenkung. Sie müssen raus aus dieser Frequenz dieses Alltags. Es ist ja wie Inseln. Die Zellversammlung sagt ihnen: „Ich will zurück auf die Insel."

Metastasen sehen aus wie Inseln, wenn ihr euch die Zellversammlung anschaut. Es ist ein Zeichen, sie wollen zurück auf die Insel, also in das Leben, in die Schönheit des Lebens. Zellversammlung ist also ein Zeichen, sie wollen zurück ins Leben, sie wollen zurück in die Schönheit, in diese Freiheit, in diese Kommunikation des Lebens. Deshalb ist es so wichtig und wertvoll, diese Botschaft, dass wirklich diese Freiheit die Menschen wieder erreicht. Und ihr habt schon die Lemuria-Kristalle, ihr habt die Lemuria-DNA, ihr seid ja schon wirklich so tief verbunden mit Lemuria. Und das wird alles noch viel stärker hier auf dieser Insel.

Es ist so wichtig, dass diese Kraft und diese Schönheit die Menschen wieder erreicht, dass die Menschen aus diesem Schock rausgeholt werden, diese Schocks von den letzten drei Jahren auf diesem Planeten und diese ganzen Strukturen. Die Menschen müssen wirklich wieder rausgeholt werden aus dieser Schockstarre. Deshalb ist es so wichtig, dass ihr hier seid, dass ihr wirklich in dieser Kraft, in diesem Leben schwingt, in dieser Schönheit schwingt, in diesem Vertrauen. Das ist wirklich so tief, was Menschen alles machen können. Sie können andere Menschen in die tiefsten Ebenen der Dunkelheit bringen und in die höchsten Ebenen des Lichts und der Liebe. Zu was Menschen alles fähig sind auf diesem Planeten. Sie können die Menschen in die tiefsten Ebenen des Abgrunds bringen, aber auch in das Licht, in die Spiritualität der Freiheit und der Vollkommenheit. Deshalb ist es so wichtig, dass ihr alle eurem Traum gefolgt seid, der 2020 mit Lemuria 0 begonnen hat, und 2018 schon auf Hawaii, als wir zurückkamen.

Es ist so wichtig, die Menschen müssen sofort aus dem Alltag genommen werden, wenn sie die Zellversammlung spüren. Man darf nicht im Alltag bleiben, man darf nicht in den eigenen vier Wänden bleiben, wie ihr so schön sagt. Man muss wirklich raus. Es ist so merkwürdig, dass so viele Menschen jetzt an dieser Zellversammlung sterben und in diese tiefste Dunkelheit gehen, in den tiefsten Schmerz, in diese ganzen Ebenen dieser Strukturen, wie in den letzten drei Jahren auf diesem Planeten versucht wurde, die Menschen wirklich in diesen Abgrund zu bringen. Doch euch konnte man nicht in den Abgrund bringen, und das ist doch der Gewinn. Was ihr hier seht, ist euer Gewinn, jenseits dieser Manipulationen, jenseits dieser ganzen Korruptionen. Es ist euer Gewinn, dass ihr hier seid.

Der Körper ist schön

Auch durch diese ganzen Botschaften, durch diese ganzen Einweihungen, durch diese Dinge, die ihr erfahren habt in diesen drei wundervollen Jahren, und seit 2018, als der Lemurianische Rat und diese wundervollen Botschafter Lemurias zurückgekehrt sind auf diesen Planeten, hat sich so viel verändert für die Menschheit. Mit Lemuria 0 hat sich so viel verändert, ist so viel in die Freiheit gekommen, in das Leben, in diese Liebe, in diese Schönheit, dass ihr wirklich vorangegangen seid. Dass ihr euch wirklich getraut habt, voranzugehen, dass ihr euch wirklich so stark lebendig gemacht habt, dass ihr euch für eure Lebendigkeit und für eure Schönheit des Körpers eingesetzt habt, denn dieser Körper ist doch so was von schön. Gerade mit diesen Elementen, mit Feuer, Wasser, Luft und Erde, ist doch dieser Körper so was von schön. Deshalb die Insel, wenn ihr euch im Mikroskop und in den ganzen Blutzellen die Krebsversammlungen, die Zellversammlungen anschaut, das sind Inseln. Das ist wirklich diese Bedeutung: Raus aus diesem alten Manifest, raus aus der alten Zerstörung, raus aus dieser alten Frequenz, dass ihr wirklich wieder das Leben erfahrt und diese Genialität. Und ihr spürt es auch, wie es jetzt in euren Handchakren kribbelt, wie eure Kristalle sich verändern, wie sich eure Fußchakren und euer 3. Auge verändern. Ein Bad im Meer ist auch immer eine große Reinigung für die Zellen, für die Chakren auch, für das 3. Auge, für die ganze Haut. Das ist wundervoll, wenn ihr so eine Ebene habt. Diese Struktur des Miteinanders, diese Struktur der Fülle, diese Kraft dieser Erde, dieser Inseln, diese Lebendigkeit.

Feuer, Wasser, Luft und Erde ist ja das, worin sie gerade die Menschen so einschränken, was sie den Menschen nehmen wollen. Sie wollen ihnen Feuer, Wasser, Luft und Erde nehmen, auf allen Ebenen. Da seht ihr, was das für Wesen sind. Und das ist doch so schade, dass die Menschen darauf so eingehen. Wenn sie jetzt schon erkennen, dass die drei Sonnen wachsen, wenn sie jetzt schon in USA die Sonne verdunkeln wollen, damit die Menschen das nicht sehen. Das ist schon erkennbar auf den Sonaren, auf den Systemen der Armeen, bei der NASA ist es schon erkennbar, dass diese drei Sonnen wachsen. Und was tun sie? Sie verdunkeln in USA jetzt die Sonne, weil die Menschen das nicht wissen dürfen. Damit die Menschen das nicht erfahren dürfen, diese drei Sonnen Lemurias. Was das bedeutet. Wahrscheinlich reichen die Chemtrails nicht mehr aus für die drei Sonnen. Aber Lemuria 0 ist doch so in einem rauschenden Manifest über den Planeten gezogen, dadurch, dass es auf diesem Planeten stattgefunden hat und in der DNA verankert ist. Und sie mussten ja auch die ganzen Dinge über 2000 Jahre, über 3000 Jahre, mit dieser ganzen Frequenz der Religionen und älter, diese 36.000 Jahre, was sie dort alles versucht haben, über die Schirme zu löschen, was sie versucht haben alles, um ihre kompletten Systeme in der DNA zu verankern. Nur irgendwie geht ihre Verankerung zurück. Das ist mittlerweile messbar, ihre Verankerung geht zurück. Ihre 36.000 Jahre, die 2027 enden, gehen zurück auf der DNA. Sie werden nicht mehr so aktiv, denn ihr Ziel ist nicht aufgegangen mit dem ganzen Nektar. Und das ist natürlich auch eine sehr große Botschaft gewesen an sie. Deshalb haben wir auch sehr schnell 2020 begonnen, euch in diese Kristalle einzuweihen, damit ihr Ziel nicht aufgeht, damit diese ganzen Ebenen sich so stark verändern. Das ist jetzt auch im Jahr 2027 ihr Ende, die Endzeitstimmung. Deshalb habt ihr so wundervoll eure Träume und Visionen wahrgemacht und seid hier, 2023, auf diesem Planeten der Kreativität, auf Lemuria, auf diesen Schätzen Lemurias, auf diesen Kristallen Lemurias, auf dieser Schwingung von Lemuria 0.

Alles ist bereitet und möglich

Und dass die Menschen auch wieder die Erfahrung machen mit diesen genialen Kristallen, mit dieser DNA-Übertragung, mit diesen Heilschwingungen aus den Kristallstädten, alles ist da, alles ist für euch bereitet auf diesem Planeten, alles ist möglich. Deshalb, es gibt keinen besseren Platz auf diesem Planeten, außer jetzt hier zu sein. Dafür sind auch diese Plätze, diese 197 Heilzentren, dass die Menschen sofort aus ihrem Alltag rausgenommen werden aus diesen ganzen Systemen, um zu heilen, um überall diese Erfahrungen dieser Lebendigkeit zu machen, dass die Menschen sich wirklich von dieser Brutalität in ihrem Leben verabschieden. Diese Brutalität in den Gedanken, in den Handlungen, in den Worten, dass die Menschen wirklich rauskommen aus dieser Brutalität, die sie auch in den Bildern und überall immer wieder gespiegelt bekommen. Die Brutalität ihrer Volksvertreter, die Brutalität ihrer Angestellten, dass die Brutalität wieder geht aus den Menschen, denn die Menschen wurden 36.000 Jahre mit Brutalität gefüttert. Das ist jetzt diese Endzeit, das ist jetzt diese Stimmung, der Weg, Brutalität – Liebe. Das ist doch das, was ihr gerade auf diesem Planeten habt, was ihr gerade auf diesem Planeten gespiegelt bekommt, die Brutalität der Politiker, die Brutalität dieser fünf, dieser Logen, und diese Ebene der Veränderung, diese Ebene der Liebe, diese Ebene der Vollkommenheit, diese Ebene von Lemuria 0.

Und sie wollten alles tun, dass sie für die 36.000 Jahre noch einmal eine Verlängerung bekommen mit diesem Nektar. Nur, das haben sie nicht, sie haben keine Verlängerung bekommen, denn das Gute und die Liebe haben schon längst gesiegt. Das ist einfach immer nur noch, es in eure Zellen zu spiegeln, das wirklich in eure DNA zu spiegeln, dass das Gute schon längst gesiegt hat, dass die Liebe schon längst gesiegt hat. Dass die Menschen wie ihr ja schon auf einer ganz anderen Zeitlinie seid, das ist so wundervoll. Diese Ebenen, dass ihr auf einer ganz anderen Ebene schwingt, in einer ganz anderen Botschaft schwingt als andere. Und durch die ganzen Lemurianischen Einweihungen könnt ihr die Menschen auch alle mitnehmen, durch echte Einweihungen, nicht kopiert oder konserviert, nicht die Struktur dieser Zerstörung und der Gewalt. Diese echte Erfahrung der Lebendigkeit, diese echte Erfahrung der Liebe, und dass es auch wirklich in der DNA ankommt, denn es ist diese DNA-Erinnerung, weil, Lemuria 0 hat auf diesem Planeten stattgefunden. Und das ist das Wichtige, das in eurer DNA schon Millionen von Jahren verankert ist. Das haben sie irgendwie durch einen Prozessor oder durch eine Frequenz nicht löschen können, diese Erinnerung haben sie niemals löschen können. Das ist doch schon eine Ebene, diese Erinnerung in der DNA der Menschheit haben sie niemals löschen können. Und deshalb auch immer wieder diese Botschaften, diese Ebenen: Die Liebe hat schon längst gesiegt, das Gute ist da. Das sind immer die Erinnerungen auf der DNA. Das Gute und die Liebe hat schon längst gesiegt.

Raus aus dem Mangel und der Armut

Das ist doch so wertvoll, dass die Lebendigkeit und diese Schönheit euch alle wieder erreicht. Dass ihr so viel mit euren wundervollen Kristallen heilen könnt, dass ihr so viel erfahren könnt und dass sie auch immer stärker werden auf solchen Inseln, auf solchen heiligen Ländern so wie hier. Und doch geht es um dieses Vertrauen in euch selbst, um das Vertrauen von Lemuria und diese Kraft auf der DNA auch zu akzeptieren und euch auf diese Kraft auch wieder einzulassen, denn diese vollkommene Kraft ist da. Es werden immer wieder nur gedankliche Riegel vorgeschoben und viele Zweifel und Schwingungen, die das alles wieder in den Hintergrund bringen, die ganzen Existenzängste und so, aber die Seele hört ja nie auf zu existieren. Existenzängste sind immer solche Ebenen, die man euch auf die Zellen projiziert hat, diese Hologramme, diese Hologramme von Mangel und von diesem ganzen System. Wie man diese Armut erschaffen hat, auch hier, so ein reiches Land mit allen Bodenschätzen, mit allem, was da ist. So eine Armut zu erschaffen und einfach so ein Hologramm über ein Volk zu legen. Und die anderen, die so stark in der Kontrolle sind, die einen über die Armut, die anderen über die Steuern und den Reichtum, alles haben sie damit eingenommen im System. Diese Hologramme, in den einen Ländern werden sie krank und spüren es gar nicht, weil sie so viel arbeiten, und in den anderen macht die Armut krank und hilflos. Welche Systeme sie erschaffen haben dafür, um alle in ihre Gewalt zu bringen.

Diese Zerstörung, nicht mehr in der Ausdehnung zu sein von der Schönheit des Lebens, nicht mehr in der Klarheit des Lebens zu sein, in der Kreativität, dein Leben ganz selbst zu erschaffen. Das ist doch jetzt so wichtig, deine Realität mit Lemuria zu füllen, mit der Lemuria-DNA, mit den Heilschwingungen der Kristallstädte zu schwingen, in all dieser Fülle zu schwingen und diese ganzen Hologramme draußen zu lassen. Dann habt ihr wirklich so viel mehr vom Leben und von dieser Spiritualität und von dieser Gemeinschaft und von dieser ganzen Erfahrung der Liebe, von dieser Quelle der Liebe.

Hologramme bewusst nutzen

Das ist so wertvoll, dass sich die Menschen wieder vertrauen, dass sich die Menschen wieder erfahren, dass die Menschen sich wieder lebendig erfahren und dass das Gute schwingt, dass das Beste schwingt. Und deshalb immer weiter gehen, was wir euch für wundervolle Botschaften und Techniken gegeben haben mit den Hologrammen, dass ihr diese Hologramme wirklich anpackt und löscht, die nicht zu euch gehören, denn jeder Gedanke ist ein Hologramm, jedes Wort ist ein Hologramm, jede Handlung ist ein Hologramm, das ihr erzeugt. Ihr erzeugt eure eigenen Hologramme. Und das ist doch jetzt so wichtig, dass ihr diese Hologramme, die euch lähmen, die euch wirklich nicht in diese göttliche Kraft kommen lassen, in diese göttliche Fülle, dass ihr diese Hologramme mit all diesen Fähigkeiten, die ihr selbst habt, auch für euch nutzt. Dass ihr die ganzen Hologramme, die ihr nicht mehr braucht, nicht mehr haben und erfahren wollt, wirklich löscht für euch mit diesen genialen Kristallen. Dass ihr wirklich in Freiheit und in Geborgenheit seid, dass ihr friedvoll seid und voller Fülle, denn jeder Gedanke, jedes Wort, jede Handlung ist ein Hologramm. Und dieses Hologramm kann so schnell Wirklichkeit werden. Deshalb ist ja jede Krankheit auch ein Hologramm, eure Gedanken, eure Handlungen, eure Worte, diese ganze Ebene, das darf euch doch immer mehr bewusst sein, wie dieses Leben wirklich so spielt, wie sich diese Manifestation wirklich ausdehnt. Und deshalb auch immer die Diskussionen, gibt es Viren, gibt es Bakterien, gibt es Parasiten. Es sind manifestierte Hologramme von Gedanken, in Form von Viren, in Form von Bakterien, in Form von Parasiten und Pilzen. Es sind manifestierte Hologramme manifestierter Gedanken, die man dann sehen kann oder auch nicht sehen kann. Immer diese Ebenen von „wer hat recht?". So schlimm: Wer hat recht? Es sind einfach manifestierte Hologramme, die dann genauso wirken, wie diese Frequenz bestimmt wurde für sie.

Deshalb, geht wirklich in diese Genialität, in diese Schönheit mit euren wundervollen Kristallen, mit dieser ganzen Ebene, mit diesem ganzen Wissen, was wir euch gegeben haben. Damit ihr in dieser Freundschaft und Freude seid mit Lemuria 0, mit dieser Erfahrung, dass ihr euch nicht mehr beschränken lasst und euch selbst beschränkt vom Außen, von den ganzen Strukturen, sondern dass ihr wirklich lebendig und friedvoll seid, und dass das Leben euch einlädt zu feiern. Lachende Menschen lügen nicht, das ist sehr wichtig. Und das seht ihr bei Kindern, sie müssen lachen. Wenn man Kindern das Lachen verbietet, dann lügen sie, absolut. Man darf den Kindern niemals das Lachen verbieten, das ist so wichtig. Deshalb müssen Kinder auch in der Kirche lachen, denn sie können die Lüge nicht ertragen. Wenn man dann da eingreift, „du darfst nicht lachen", was das bedeutet. Deshalb ist es so wichtig, dass die Kinder und die Menschen wieder lachen, dass die Menschen wieder aus dieser Starre rauskommen. Ihr wisst ja, wenn ihr lacht habt ihr so viel Sauerstoff und verjüngt euch, dann habt ihr so viele Möglichkeiten der Verjüngung, der Lebendigkeit. Dann habt ihr so viele schöne Ebenen, denn Lachen entspannt auch sehr. Doch das ist wichtig, dass ihr die Kinder und die Menschen lachen lasst, denn Lachen fördert auch die Gemeinschaft. Und beim Lachen kommen einem auch die Tränen, da hat man alles zusammen. Das ist so wichtig, dass ihr lacht, deshalb hat euch euer Menschenfreund Aouyash zu Anfang auch immer so zum Lachen gebracht (Anmerkung: in Seminaren), um das Lachen wieder zu lernen mit all diesen Dingen, um euch das Lachen wieder beizubringen, weil die Menschen alle ihr Lachen total verkauft haben. Und das ist doch wertvoll, dass ihr dieses Lachen nicht verlernt, sondern in euch tragt. Dass die Menschen gemeinsam lachen, denn Lachen ist auch so ansteckend, so wichtig. Doch niemals in dieser Zeit und generell im Leben dieses übereinander Lachen, denn das ist nicht förderlich. Was man da erzeugt mit dem Bloßstellen und diesen ganzen Ebenen. Wirklich in dem Miteinander zu sein, aber nicht im Übereinander. Deshalb ist es so wichtig, dass die Kinder wieder lachen können, dass die Kinder alle wieder frei sind, denn ihre Augen leuchten so stark, wenn sie lachen, wenn sie sich freuen, wenn sie sich auf das Wirkliche und Wesentliche freuen. Auch diese Kreativität, was die Kinder alles verlernen. Wenn man sie nicht lachen lässt, dann verlieren sie ihre ganze Kreativität. Deshalb ist es so wichtig, dass sie lachen und Musik spielen, dass die Kinder wieder in die Künste gebracht werden und nicht dafür verurteilt werden, wie schief sie singen und spielen, wie schrecklich sie malen. Das ist doch so schlimm, wie man damit die Kinder wieder in die Strukturen bringt, dass sie ihre ganze Kreativität verlieren. Wie wichtig das Malen ist, diese Botschaft der Liebe, diese Kreativität, diese Ausdehnung.

Gebt den Kindern Raum zur Entfaltung

Schaut, wie wunderschön sie alle angezogen sind hier, die sich um euch kümmern, wie wunderschön sie ihre Weite, ihre Quelle in der Kunst, in dieser Farbenpracht euch zeigen. Und nicht nur schwarz und Korsett, das macht doch gleich alles viel lebendiger und schöner. Diese lebendige Kraft, diese Visionen, diese wirkliche Kreativität, denn das sind auch alles die Hologramme, wenn die Kinder erst einmal wieder schreiben lernen müssen, und sie machen so viele Fehler, weil sie überhaupt nicht wissen, was ist das jetzt für ein Wort. Das Gehirn muss sich erst einmal auf diese ganze Frequenz des Schreibens einstellen. Das ist wichtig für die Kinder, dass man ihnen auch Zeit lässt, die sie brauchen für einen Buchstaben, für ein Wort, denn für die Augen und das Gehirn ist es ja alles spiegelverkehrt. Dann muss sich erst einmal auch alles in die Vernetzung bringen, die Neuronen-Netze müssen sich erst wieder neu formen für einen Satz oder eine Schrift. Das muss sich im Gehirn auch erst einmal umstellen, von den Buchstaben und Worten her. Dass ihr wirklich in dieser Lebendigkeit und in dieser Schönheit Lemurias badet.

Das Wichtigste ist bei den Menschen, die ein Hologramm in sich erzeugt haben von Zellversammlung, immer sofort aus dem Alltag nehmen, dann geht es weiter. So schnell wie möglich raus und an solche Plätze, wo sie dann heil werden können. Natürlich, wenn die ganzen Pläne nicht aufgegangen sind, trotzdem gab es genug, die sich dem unterstellt haben, gerade in Großindustrie-Standard-Ländern, die auch so viel für ihr Volk eingekauft haben, weil sie so gut gearbeitet haben. Dass dann so viel Geld übrig war, dass sie davon auch noch die ganzen Todesstoffe kaufen konnten, dass so viele, gerade auch in diesen Ländern, an dem Zerstörungsprogramm teilgenommen haben. Deshalb ist es so wichtig, wenn die Menschen Schäden haben von diesem Nektar, sie auch rauszuziehen aus dieser normalen Welt. Seid wirklich in dieser Lebendigkeit und lasst diese Schöpferkraft wieder in den Kindern und in euch frei, eure Kreativität. Das ist auch hier wirklich diese Schöpferkraft. Früher mit dem Schiff wärt ihr doch ein Jahr unterwegs gewesen, und ihr macht gerade einen Zeitsprung von acht Stunden, was ist das für eine Bewegung. Bald nur noch eine Stunde oder gar kein Zeitverlust mehr. Aber diese Freude und Genialität, dass ihr hier seid, diese Freude auf dieses Paradies, auf die Schöpferkraft, denn das ist so eine Spiegelung auch von Schöpferkraft, diese Freundschaft, diese Freude, diese Genialität, diese Visionen. Und dass ihr euch wirklich ausdehnt, dass ihr wirklich diese Freundschaft erlebt, denn Lemuria 0 ist pure Freundschaft, keine Zerstörung mehr in den Hologrammen, in den Gedanken, Worten,

Handlungen, sondern wirklich diese Würde des Lebens, diese Würde der Lebendigkeit, diese Würde, das Erschaffen des Guten, Lemuria 0. Diese Ebene, die sich so geprägt hat in der DNA der Menschheit, diese Zerstörung, dass diese Zerstörung so grenzenlos geworden ist auf diesem Planeten. Dass diese Zerstörung sich wirklich nicht mehr halten kann auf diesem Planeten. Dass die Menschen sich mit dieser Kraft von Lemuria 0, was in allen DNAs in den Körpern gespeichert ist bei den Menschen mit einer echten Seele und einer echten DNA, dass sich die Menschen daran wieder erinnern. Und ihr habt euch schon erinnert, ihr braucht nicht ein Jahr über das Wasser zu gehen hierher. Was für Ebenen.

Das Wunder wieder in die Menschheit bringen – satt sein

Und das ist so wichtig, diese Eifersucht und diese ganzen Strukturen wirklich abzulegen, denn es sind auch nur Hologramme. Einfach Erfahrungen, die sich als Hologramme wieder und wieder abspielen dann in eurem Leben. Dass ihr euch dessen wirklich absolut bewusst seid, dass ihr alles beeinflussen könnt, wirklich alles. Immer wieder in diese Schönheit zu gehen, dass wirklich dieser Planet so ein Wunder ist in seiner Kreativität, so ein Wunder ist mit den Elementen, so ein Wunder ist mit diesem schönen, klaren Wasser. Diese ganze Botschaft ist einfach nur eine Ebene, dass Lemuria sich von diesem Planeten gelöst hat und emporgestiegen ist, um wirklich vorauszugehen, voranzugehen. Das war kein Mutterschiff, Lemuria, das hat auf diesem Planeten stattgefunden. Deshalb ist es so wertvoll, dass mit euch hier in diesen kommenden Jahren zu feiern. Bis 2027, diese 36.000 Jahre, das ist wirklich jetzt das Endspiel, das End-Game, und die Menschheit hat schon längst gesiegt, es ist jetzt diese Ebene. Und das ist jetzt so wichtig, diese vier Jahre der Fülle, der Lebendigkeit, der Gesundheit, des Friedens, und alle Menschen damit anzustecken. Und das ist so wertvoll, wenn diese Lebendigkeit, diese Vollkommenheit, diese Kreativität, überall sich wieder offenbart. Und ihr habt die Klänge Lemurias dafür bekommen, alle Ebenen, alle Erfahrungen und all diese Strukturen der Zukunft.

(Anmerkung: Musik wird gespielt und gesungen.) So eine Fülle, wenn ihr singt, so eine Erfahrung. Wer singt, kann keine Angst haben. Deshalb ist es so gut und wichtig zu singen und zu lachen, lebendig zu sein und zu tanzen und diese Kreativität, einfach diese Bewegung, diese Tiefe, diese Berührbarkeit. Und dass die Menschen wieder viel mehr singen und lebendig sind auf diesem Planeten, dass die Menschen sich wieder erfahren in dieser Vollkommenheit, so wie es in Lemuria ist. Wenn diese wundervollen Wesen Lemurias vollkommen sind, dann sind sie satt, dann sind sie einfach erfüllt vom Leben, erfüllt von sich selbst. Das ist so wichtig, dass ihr einfach wieder alle erfüllt seid von euch selbst, denn das macht ja satt. Dass ihr nicht mehr alle Hilfe von außen braucht, um die Erfüllung zu bekommen, sondern dass ihr wirklich erfüllt seid von euch selbst, von eurer Kreativität, von eurer Schönheit, von eurer Lebendigkeit, von eurem Frausein, von eurem Mannsein, von eurer Seele erfüllt seid, von eurem Leben, von eurer Kreativität erfüllt seid. Dass ihr von eurer tiefen Erfahrung erfüllt seid, denn das merkt ihr ja, da braucht ihr schon so viel weniger Brötchen. Es ist immer nur die Angewohnheit, „Teller voll", diese alte Erfahrung. Und ihr könnt so erfüllt sein, das macht doch schon so satt. Dieses Schwimmen, diese Erfahrung, macht euch doch schon so lebendig satt. Diese Vollkommenheit, dass ihr wirklich euch immer mehr ausdehnt, denn Lemuria 0 ist absolute Vollkommenheit, dieses Sattsein. Mit der Fülle satt zu sein, mit der Kreativität, mit diesen Begegnungen satt zu sein. Dieses erfüllt sein von euch selbst, das ist so wichtig, denn das macht auch die Verjüngung, das macht auch diese Kreativität. Das macht so viel Neues auch, wenn ihr in eure eigene Botschaft und Erfahrung geht mit diesem Boden, mit dieser Lebendigkeit, mit dieser Vision des Guten. Es geht wirklich immer um die Essenz, die euch erfüllt, diese Elemente Feuer, Wasser, Luft und Erde. Diese Erfahrung von Schönheit, dass ihr wirklich von euch selbst immer wieder auch berührt seid, von eurem Körper, von dem was ihr alles macht, dass ihr schwimmt, dass ihr in dieser Zeit so gesund und lebendig seid. Dass ihr euch lebendig offenbart, dass ihr in diese Tiefe geht, dass ihr eintaucht in diese Lebendigkeit Lemurias, in diesen Tagen. Dass ihr wirklich spürt, wie das Kribbeln, diese Vibration eurer Kristalle, so stark und lebendig macht, und so freudig und frei. Deshalb ist es so wichtig, seid erfüllt von euch selbst und seht diese Essenz, die der Körper braucht, um Nahrung aufzufüllen, um Nahrung zu kreieren, um Nahrung aufzunehmen. Dass ihr wirklich diese Vollkommenheit spürt, diesen Frieden, diese Geborgenheit.

Und es gibt so viele Vanilleplantagen hier, und Vanille ist doch so beruhigend, eine so beruhigende Pflanze, so stark dieser Duft und dieser Geschmack, und eine große Heilpflanze. Und auch Zimt, alles ist hier aus diesem Land, was für eine Fülle. Vanilleschoten, Zimtschoten, was ihr benutzt, das kommt mit Sicherheit aus Madagaskar. Und das ist so wichtig, dieses Schöpferland, diese Kraft des Bodens, diesen Reichtum des Bodens wieder mit dem Reichtum des Volkes zusammenzubringen. Nicht nur die Armut und Verfolgung und Kontrolle, sondern wirklich den Reichtum des Bodens zu vermehren und zusammenzubringen. Das ist sehr, sehr wichtig. Es stimmt ja nicht, dass es soundso viele Arme geben muss, damit der Reichtum steigt für die Reichen. Nein, es ist die Anziehung der Fülle, die Lebendigkeit der Fülle. Aber es ist ja auch dieses Hologramm, das man über die Völker legt, der Armut und der Krankheit und des Elends, diese Zerstörung. Es ist so schön das Leben zu erfahren da draußen, so schön, diese Lebendigkeit. Doch dass ihr wirklich in dieser Freundschaft seid, in der Lebendigkeit mit eurem wundervollen Körper, dass ihr die Vollkommenheit erfahrt in euch, dass ihr wirklich diese Vollkommenheit spürt, diese Perfektion eures Körpers, dass er euch durch das Wasser trägt, dass er euch hier in der Sonne so lebendig macht.

Dankbarkeit für den eigenen Weg

Was müssen sie schon alles wissen über die drei Sonnen, und sie auch sehen können schon, wenn sie jetzt neue Schirme spannen wollen, um die Sonne zu verdunkeln. Denn es wirkt, alles wirkt auf die Menschheit, alles wirkt doch auf diese Ebene, diese Göttlichkeit, diesen Frieden, diese Vollkommenheit wieder in jeder Zelle zu erfahren. Und deshalb, für alle, die das damals noch aktiviert haben mit dieser Zeitkapsel, 2027, dieser Zyklus, dass ihr wirklich gut und bestens durch diese Jahre kommt. Was war das für ein Stress, wo ihr die einbaut. Doch das haben diese wundervollen Meister der Zukunft genauso aktiviert und manifestiert, diese Zeitkapsel, mit 2027, damit ihr wirklich bestens, lebendig und aktiv dieses Leben auf diesem Planeten erfahrt, diese Fülle und Lebendigkeit. (Anmerkung: Auftrag an die Oronos-Familie)* Deshalb, es lohnt sich, zu bleiben mit Lemuria 0 und mit diesem Feld, mit dieser Stimmung des Guten, mit dieser Stimmung der Veredelung, mit dieser Stimmung der Schönheit, dieser Kraft der Schönheit, dieser Vollkommenheit. Es lohnt sich, diese wirkliche Energie Lemurias zu nutzen, diese wahrhaftige Energie Lemurias durch eure Kristalle, durch diese ganzen Einweihungen der kraftvollen Erfahrungen des Guten. Durch diese Kraft der Lemuria-Gene und alles, was ihr schon in dieser Zeit aktiviert habt. Dass ihr wirklich lebendig seid, dass ihr liebevoll zu euch seid und dass ihr das wirklich geschafft habt, hier zu sein in diesem großen Manifest, in diesem Paradies. Deshalb ist es auch so wichtig, euren Ahnen dankbar zu sein, dass ihr wirklich diesen Weg durch sie geschafft habt. Euren Ahnen, wirklich eurer Herkunfts-DNA dankbar zu sein, dass sie euch diesen Weg geebnet haben. Egal wie dieser Weg war, sie haben euch diesen Weg geebnet, dass ihr jetzt alle hier seid. Das ist so wichtig, dass ihr sie dafür ehrt, dass sie euch auf diesen Weg gebracht haben, dass ihr euch auf diesen Weg gemacht habt, so schnell, dass ihr wirklich hier seid, mit den Lemurianischen Verwandten, mit den Lemurianischen Meistern. Das ihr hier seid in diesem Respekt, und nicht ein Jahr gebraucht habt hierfür, sondern neun Stunden.

Deshalb geht es wirklich um diese Dankbarkeit, um diese Veredelung, denn Lemuria ist wirklich dieser Platz der Veredelung, dieses Land der Veredelung. Und jedes dieser Zentren auch ist ein Platz der Veredelung. Und das ist so eine Genialität, die jetzt bereitsteht, eine so große Erfahrung des Miteinanders und der Schönheit, und wirklich diese Völkerverbindung, eine Erde, eine Vision, ein Volk. Dass diese Trennung einfach wieder aufhört und dass alle Menschen alle Grenzen überwinden und wirklich grenzenlos frei sind. Dass alle Menschen ihre Grenzen der Armut und diese Grenzen des Hungers überwinden. Das ist doch so eine große, lebendige Erfahrung. Dann ist es auch wunderschön, wenn alle Menschen wieder in ihre Vollkommenheit kommen, in diese Stärkung, denn dann brauchen sie nicht diese Inseln, dann brauchen sie nicht diese Zellversammlungen, dann brauchen sie nicht diese Hologramme von den Viren, Bakterien und so. Wenn sich die Menschen stärken und das erfahren, dann brauchen sie sich doch nicht so etwas erschaffen als Berührung, denn so viele Menschen erschaffen sich solche Krankheiten aus Berührung, sie haben zu wenig Berührung mit ihrem Körper. Gerade die europäische Schwäche, Berührung, die Menschen berühren sich nicht mehr, sie haben nicht mehr diese Umarmung und solche Dinge, sie sind berührungslos geworden. Und das ist ja auch ein Hilfeschrei, wenn sie solche Inseln produzieren, solche Krebszellen: Berühre mich wieder, berühre meinen Körper wieder. Also auch selbst, aber auch „ich will berührt werden", „ich will wieder in dieser Kommunikation sein, in dieser Offenbarung". Das ist so wichtig, wirklich diese Botschaften des Körpers zu verstehen, nicht mehr diese Kälte. Aber das ist wirklich so ein Knackpunkt geworden von den europäischen Ländern, diese Unberührbarkeit, dass die Menschen sich nicht mehr berühren. Wahrscheinlich ist es auch die Sonne, sie fehlt überall in Europa. Die Berührbarkeit ist so wichtig, dass der Körper nicht diese Einsamkeit erzeugt und aus Einsamkeit dann diese anderen Erfahrungen machen will, diese Hilfeschreie nach einer Botschaft. Das sind wirklich diese tiefen Ebenen, die sich da dann immer wieder so auftun.

Das Manifest der Unsterblichkeit

Seid wirklich hier im Frieden mit euch und mit den Menschen, die mit hierhergekommen sind, in dieser Erfahrung. Trefft euch und feiert und esst zusammen, begegnet euch. Es ist so wichtig, dieser Raum der Begegnung, dieser Raum zur Offenbarung, dieser Raum der Vollkommenheit. Vollkommenheit ist ansteckend, das ist so wichtig. Deshalb geht wirklich in diesen Frieden, in diese Vollkommenheit, in diese Erfahrung des Guten. Nutzt diesen Platz, nutzt diesen Raum der Gemeinschaften, nutzt diese Lebendigkeit und diese wundervollen Elemente, nutzt diese Visionen. Geht wirklich diesen besten Weg der Liebe und lasst Wärme und Nähe zu, diese wirkliche gute Erfahrung, diese Kreativität und Leichtigkeit, dass diese Leichtigkeit und Kreativität und Veredelung euch wieder begleitet auf eurem Weg ins Leben. Und dieses Todesgen und dieses Todeshormon ist nicht auf dieser göttlichen DNA gewesen. Dieses Todesgen, diese Todesfrequenz, ist immer erst um diese Form, um diese 11:11, diese Friedensbotschafter, diesem Friedensvertrag, mit eingewoben worden. Diese Todesfrequenz ist einfach mit dieser Macht, euch in allen Ebenen zu gehören, dieses „Gehorsam" fordern, und das wird ja durchbrochen. Dieses Manifest der Unsterblichkeit und alles, was ihr so in der Begegnung habt, was für ein Wunder, was für eine große Ebene, dass ihr all dieses schon machen könnt, erfahren könnt, dass ihr all dieses Wissen schon habt. Und der Rat der Drei ist gekommen zu dem Lemurianischen Rat und hat gefragt und darum gebeten, dass dieser Zyklus der Offenbarung in diesen Tagen verändert wird, in den Zyklus der Lemurianischen Offenbarung bis 2027. Dann geht es noch schneller.

Dann könnt ihr jetzt diese Fülle genießen von dieser Nahrung, in der Lebendigkeit, in dieser Schönheit, in dieser Leichtigkeit auch beim Essen, dieses Lachen und diese Visionen. Und 36-mal kauen, immer wieder muss man das sagen. Ihr seid ja Gott sei Dank keine Wiederkäuer, aber manchmal wäre es ja besser, weil ihr so schnell schluckt, was der Magen dann gar nicht so schnell aufnehmen kann. Aber alles 36-mal kauen, dann seid ihr schon nach fünf Löffelchen satt, weil alles voll ist, weil die Essenz da ist. Deshalb kommt zusammen und kaut zusammen 36-mal, lacht zusammen und geht in diese Schönheit, in dieses Miteinander, in diese Vollkommenheit, in diese freudige Botschaft: Wir haben es geschafft. Ihr habt es geschafft, hier zu sein, ihr habt es geschafft, auf diesem heiligen Boden zu sein in dieser Zeit. Das ist so wichtig, dass ihr das mit eurer ganzen Kreativität feiert.

Und dieser Zyklus der Lemurianischen Offenbarung, denn es hat auf diesem Planeten stattgefunden und ist in jeder DNA, in jedem Menschen mit einer echten Seele und einer echten DNA, gespeichert. Und dann geht diese Befreiungsaktion noch viel schneller. Erfahrt wirklich diese Freiheit, raus aus dieser Vernebelung der ganzen Fäden. Nochmals, man muss die Menschen immer sofort gleich rausholen, damit sie erst gar nicht allen erzählen über ihre Krankheit, und erzählen und erzählen und sie damit manifestieren. Einmal die Diagnose und rausholen, sonst manifestiert sich das überall. Das müsst ihr nicht machen. Man muss die Menschen sofort rausholen, damit sie gar nicht erst die Chance haben, dass sich das alles so in dem ganzen Freundeskreis und in der Nachbarschaft dann mit den „Ahs" und „Ohs", dass sie dann so in diesem Mitleid sind. Sofort rausholen, das ist so wichtig. Und dann geht es auch wieder so schnell weg. Es sind ja einfach diese Informationen, diese Hologramme, diese Ebenen der Anspannung und all diese Dinge, die sich da jetzt aufgetan haben. Und ihr habt die Heilklänge Lemurias, ihr habt alles. Und bald schon diese Zeitlinien Lemurias, alles ist da. Deshalb seid in dieser großen und besten Erfahrung und genießt eure Vollkommenheit. Es ist so wertvoll, genießt eure Vollkommenheit an so einem Platz. Hier ist es noch so viel mehr spürbar, dieses Feuer, Wasser, Luft und Erde, diese ganze Kraft. So schön, wenn ihr so erfüllt seid von euch selbst.

* Oronos Familie: Insgesamt 333.333.333 Seelen haben sich vor langer Zeit dafür gemeldet, in dieser Phase kraftvoll am Wandel für eine bessere Zukunft auf der Erde mitzuwirken. Oronos, eines der ältesten Bewusstseine aller Universen und Hüter des Quantenfelds, hat diese Seelengruppe Oronos Familie benannt. Damit kommt zugleich Heilung in die für viele Menschen verletzenden Erfahrungen mit Familie und in die Familien kann schneller wieder Heilung und Zukunft einziehen. Mehr Informationen zu kraftvollen Einweihungen für die Oronos Familie gibt es unter: kamasha-akademie.de

AOUYASH
Meister der Spiegelung

Thuria hieß der Kontinent zu der Zeit, als Lemuria aufgestiegen ist. Das heutige Madagaskar ist davon noch geblieben.

Die Lemurianer hatten die Kraft der Göttinnen erkannt, denn alle, die dieses Land regiert haben, waren Frauen. Alle, die die Lemurianer in den Aufstieg geführt haben, waren Frauen, weil sie die Schöpferkraft mitbringen, sie sind der Kanal und haben die Weitsicht. Die Frauen hatten die Leitung über ein so großes Volk in Thuria, sie hatten die Macht über das Volk und über das Land, denn die weibliche Kraft spiegelt die Empfängnis des Unbekannten, das „Unbekannte" einer Seele, wenn eine Frau ein Kind gebärt. Die Göttinnen Thurias haben das Volk geführt, eingeweiht und bereit gemacht für diese Frequenz des Aufstiegs, für die Empfängnis dieser Botschaften. Aus diesem Grund wurden die Frauen in den Religionsbüchern gestrichen und sind laut der Geschichte durch die Rippe von Adam entstanden. Aber eine Frau, eine Göttin, würde niemals Kriege machen, und das hatten sie gewusst und deshalb die Frauen unterdrückt und verbannt aus allen einflussreichen und führenden Positionen. Es braucht die Kraft, dass die Weiblichkeit nicht mehr abhängig ist von der männlichen Kraft, denn Abhängigkeit ist immer Krieg.

So wie in Thuria war es die einzige Form auf diesem Planeten, dass die wirkliche Kraft der Weiblichkeit aufgegangen ist. Dieser Weg und die Kraft von Thuria, wurde den Menschen verschwiegen, dass die weibliche Kraft in den Aufstieg geführt hat. Die Ur-Frequenz von Thuria ist auf der DNA der Menschen gespeichert, weil es stattgefunden hat auf diesem Planeten. Der Aufstieg Lemurias war ein Prozess. Die erste Struktur, in die das Volk für den Aufstieg geleitet wurde, war die Bewertungsfreiheit, die dafür notwendig war. Wenn die Bewertung nicht mehr da ist, dann stellt sich auch keiner mehr für die Bewertung zur Verfügung.

Im Zentrum von Lemuria waren sehr große Kristalle, Türme der Kommunikation, die als Antennen dienten, über die sich die Lemurianer verständigt haben innerhalb des Kontinents, des Planeten und auch in andere Universen. Der große Kristall war auf die Sonnen und die Universen ausgerichtet, um von dort Botschaften zu empfangen. Es gab sehr viele Kristalle, die als Botschafter dienten, genauso wie sie gewachsen waren. Die Lemurianer habe die Kristallverbindung aufgenommen und daraus die Botschaft empfangen. Die Kristalle selbst waren das Medium, sie wurden wie Zeitmaschinen eingestellt. Keine menschliche Macht hatte dieses übernommen, denn die Lemurianer haben sich selbst nicht getraut die Botschaften zu empfangen. Sie besaßen ebenfalls die Kristalle in den Handchakren, den Fußchakren und im 3. Auge, die sie zur Kommunikation nutzten. Auch konnten sie damit Musik und Heilschwingungen aus anderen Universen empfangen.

Wenn die Menschen jetzt diese Kristalle bei sich wieder aktiviert haben, dann können sie sich mit der Zentrale der Kristallstädten Lemurias verbinden und deren Schwingungen spüren. Die Kristalle von Lemuria mit all ihren Schwingungen wurden auf dem Planeten verteilt und gedreht in ihrer Frequenz. Es sind heute die vielen Obelisken, die wie Antennen wirken und noch an Lemuria erinnern. Jedoch strahlen aus ihnen jetzt Kriegs- und Zerstörungsfrequenzen und nicht mehr die göttlichen Frequenzen Lemurias.
Die Menschen sind in der Lage ihre kristallinen Strukturen im Körper und in den Gedanken wieder zu nutzen, wenn sie es bewusst trainieren.

Die heutige Gangesquelle ist die Quelle Lemurias und die Verbindung in Freundschaft zu Lemuria. Sie musste gut begleitet werden, wenn so ein ganzer Kontinent auf einmal nicht mehr da ist mit all den Tieren, Pflanzen und der Schöpferkraft. Die Lemurianer waren die Menschen des Wassers und der Meere mit ihrer blauen Haut. Die Frequenz des blauen Wassers, wie es farblich immer dargestellt wird, bedeutet: Der Himmel spiegelt sich im Meer. Die Lemurianer hatten Kontakt mit den Walen und den Meeren, sie konnten sogar die Meere und die Wellen mit ihrem Bewusstsein steuern. Sie haben sich alle über die Kristalle verbunden, weshalb man sie auch nicht brechen und zerstören konnte.

In Lemuria gab es keinen Zucker, denn sie wussten das der Zucker alle Ebenen verschließt und verklebt. Die Lemurianer nahmen nur ein Mal am Tag die Nahrung zu sich, indem sich das ganze Volk immer zur gleichen Zeit an ihren jeweiligen Plätzen versammelte und in Stille gegessen hatte. Das Volk hatte gleichzeitig seinen Fokus der Gedanken auf die Nahrungsaufnahme, für einen Zeitraum von zwei Stunden. Dieses Ritual löste auch eine globale Wirkung aus für den Planeten mit allen Wesen.

SVATYKANAU aus dem Lemurianischen Rat der Drei Meister der Heilung und der klärenden Liebe

„Lemu" heißt „die Wunderschöne". Ihr seid alle die Lemu der Erde. Lemu, „die Wunderschöne", bezogen auf diesen Kontinent, aber bezogen auch auf die Weiblichkeit. Denn wir ihr gestern gehört habt von eurem Menschenfreund Aouyash, war es die Weiblichkeit, die diese Lemurianische Kraft erobert hat, um aufzusteigen. Deshalb, Lemu ist die Wunderschöne, die wunderschöne Frau, der wunderschöne Körper, diese wunderschöne Insel, dieser wunderschöne Kontinent. Und „Lemurianer - Lemuria", das Volk, bedeutet „die Krieger des Lichts". Denn so oft werden die Lemurianer in so vielen Büchern als die Eroberer dargestellt. Aber natürlich, die Eroberer des Lichts. Die Lemurianer, die Krieger des Lichts, die Krieger der Vollkommenheit. Nicht in diese Ebene zu gehen, um Länder zu erobern, nicht in diese Ebene von Krieg gehen, erobern und bekämpfen und diese Frequenz von, „das ist jetzt noch unser Land und das auch", sondern wirklich den Krieg bekämpfen. Das, was damals ja auch schon war, wirklich zu bekämpfen, diese Zerstörung zu bekämpfen. Die Krieger des Lichts, die Lemurianer. Für die Schönheit der Menschheit, für die Schönheit des Volkes, wirklich lebendig zu sein.

Und ihr habt auch gehört, mit dieser Kraft der Verbundenheit, keine Zerstörung. Ihr habt es erfahren auch, was das Volk schon so lange und immer noch zusammenhält: keine Beurteilung, keine Verurteilung, einfach diese Schönheiten, diese Kreativität. Und das war auch ein erstes Ritual von Lemuria, als euch Aouyash für schön erklärt hat. (Anmerkung: Seminar „Satt sein" mit Aouyash Ostern 2018) Wirklich aus diesen ganzen Zweifeln, aus dieser ganzen Ebene rauszugehen, die man euch so aufdrückt. Zu schön, zu dick, wenn man zu schön ist, ist man auch wieder nicht gut, wenn man zu dick ist oder wenn man zu dünn ist, diese ganze körperliche Zerstörung, die damit einhält. Wer was ist, wo man ist und was man ist, diese ganze Verurteilung, diese ganze Beurteilung, hinter der ihr euch die ganze Zeit versteckt. Es ist ja ein Verstecken hinter einem Bewusstsein, hinter einem Hologramm. Wie kann man zu schön sein, zu dumm sein, diese ganze Ebene der Bewertung. Die größte Bewertung ist die Zeit und das Alter des Körpers, dieses Alter und die Zeitebene. Dass der Körper so abhängig ist von Zeit, das ist doch ein unglaubliches Desaster auf diesem Planeten, dass man den Körper abhängig gemacht hat von Zeit.

„Lemu" ist immer „wunderschön". Und dafür waren die Krieger Lemurias da. Übersetzt heißt Lemuria „die Krieger", das Kriegervolk für das Licht, für die Gesundheit, für den Körper, für die Freiheit, dass wirklich nichts dieses Volk umstürzen lassen kann. Dass dieses Volk wirklich Bewusstsein ist, in diesem Gewahrsein auf diesem Planeten. Nichts kann das Volk brechen, nichts kann einen Menschen brechen, nichts. Und alles, was diese Menschen so zerbricht, sind ja diese Zweifel, diese Beurteilung, diese Verurteilung, diese Bewertung und diese ganze Struktur von Bewertung. Und deshalb war das auch diese erste Ebene dieser weiblichen Form, die Bewertung komplett rauszunehmen aus dem Bewusstsein. Lemu, die Wunderschöne. Diese wunderschöne Insel, dieser wunderschöne Kontinent, diese wunderschöne, wunderbare Kost, diese wunderschöne Frucht, alles wirklich bezogen auf diese Schönheit, bezogen auf diese Würde, auf dieses Miteinander, auf diese Kreativität. Wirklich ohne Bewertung zu sein. Deshalb Lemuria, die Krieger für das Licht, die Krieger für das Gute, die Krieger für die Offenbarung des Menschseins, des Spirits, verbunden mit all diesen genialen Kristallen, verbunden mit all diesen Formen. Diese wunderschöne Frequenz von diesen Körpern, von Mann- und Frausein, von Lebendigkeit, von Erfahrung des Guten, Tiere, Elefanten, all diese Ebenen. Dass die Menschen alle in diesem Feld waren, alle haben sich von nichts mehr abbringen lassen. Es gab keine Ablenkung durch diese ständige Erfahrung, nur diese ständige Lebendigkeit, diese Form der Ernährung und der Schönheit, diese Kreativität.

Frei sein von Abhängigkeit

Kreativität erschafft Schönheit, egal wie. Und deshalb ist es so gut und wichtig, dass ihr euch erinnert, denn dieses ganze Manifest von Lemu, die Wunderschöne, diese Krieger des Lichts, das hat alles auf diesem Planeten stattgefunden. Dass ihr wirklich alle wieder in dieser Schönheit seid, ohne diese ganze Ungleichheit und diese Abhängigkeit, die sie geschaffen haben auf diesem Planeten, und ohne diese Armut. Das war wirklich diese Ebene von Lemuria, keine Abhängigkeit, dass du von nichts abhängig bist. Nicht von der Sexualität, nicht von dieser Berührbarkeit, absolut unabhängig zu sein. Das ist so wichtig, in jedem Atemzug die Freiheit. In jedem Atemzug wirklich das Bewusstsein der Vollkommenheit, nicht mehr diese irdischen Projekte der Abhängigkeit. Man hat euch so viel in die Abhängigkeit getrieben, besonders durch die Armut und die ganzen Mangelgeschichten, durch diese ganzen Ebenen. Und jetzt geht es doch wirklich um diese Freundschaft, um diese

Schönheit, von nichts mehr abhängig zu sein. Satt sein, so wie die anderen Meister euch immer erklären, sie kommen satt, sie sind satt und sie gehen satt. Keine Abhängigkeiten mehr. Das man wirklich erfüllt ist in sich.

Und die Menschen legen sich so viele Strafen auf, dass sie nicht erfüllt sind von sich. Müssen dieses und dieses, immer dieses Spiel der Anziehung. Und gerade auch diese Abhängigkeit in der Sexualität und diese ganzen Dinge, die so auf diesem Planeten geschehen sind. Diese Ebene von Lemu, diese Wunderschöne, die war unzerbrechlich. Und wenn ein Mensch euch schief ankuckt, dann geht ihr schon so in die Starre. Das ist ja einfach diese Ebene, dass ihr unzerbrechlich seid, dass diese Wunderschönheit nichts zerstören kann. Und warum erschafft ihr euch durch so viele elendige Partnerschaften die Hölle? Warum erschafft ihr euch durch so viele unerlöste Geschichten die Hölle in der Partnerschaft? Dabei geht es wirklich erst einmal um eure wunderschöne Frequenz als Mensch, diese lebendige Erfahrung. Doch so viele Partnerschaften, für die ist es doch die Hölle auf diesem Planeten und nicht das Paradies, durch die ständige Wiederholung der Abhängigkeit, durch die ständige Wiederholung der Bewertung, durch diese ständige Wiederholung. Das ist so wichtig, dass eure Schönheit, eure wunderschöne Ebene unzerstörbar, unbesiegbar ist, denn Lemuria ist die Unbesiegbare. Dass ihr das wieder erfahrt, die Unbesiegbarkeit, unbesiegbar auf allen Ebenen.

Voraussetzung für den Aufstieg Lemurias: keine Bewertung, keine Abhängigkeit

Das waren wirklich diese Ebenen, zuerst keine Abhängigkeit mehr, keine Bewertung mehr, um wirklich dieses Potenzial zu erfahren, um diesen Aufstieg und diesen Glanz zu ermöglichen. Keine Bewertung, keine Abhängigkeit. Liebe geht durch Raum und Zeit, Liebe ist nicht auf den Körper fixiert. Liebe geht durch Raum und Zeit, unbesiegbar. Wie konntet ihr das nur so vergessen auf diesem Planeten? Deshalb ist es so wichtig, diese Kraft von Lemuria, die Unbesiegbaren, die Krieger des Lichts, die Krieger der Schönheit, unabhängig und frei. Und man hat euch mit allem, was in diesen Zeiten los ist, auf allen Ebenen, in die Abhängigkeit gebracht, dass man nur noch mit diesem Nektar rumlaufen muss und so. Das ist schon sehr mächtig, durch diese Drogen, durch dieses Food, durch diese ganzen Hungergeschichten, die Hungerspiele, wie in diesem Film. (Anmerkung: Die Tribute von Panem) Man hat die Menschen so abhängig gemacht auf allen Ebenen, um sie nicht in diese

Unbesiegbarkeit zu bringen. Vor allem auch, die Weiblichkeit und auch die Männlichkeit nicht mehr in die Unbesiegbarkeit zu bringen. Das ist so wichtig, diese Bewertung macht immer abhängig, auch von der Zeit und von eurem ganzen Bewusstsein, wie sich das so in eurer Kindheit geformt hat. Wenn auch die ganze Frequenz der Sexualität oder auch dieses weiblichen Zyklus von diesem Blut, wenn dann einfach diese Begegnung nicht stattfindet, sondern einfach nur, der Vater sagt: „Oh Gott." Was das für Ebenen zerstört, wenn die Mädchen zum ersten Mal ihre Menstruation bekommen und der Vater sagt nur: „Oh Gott", was das macht mit dem Bewusstsein. Das ist doch nicht Schönheit, das ist doch total eine Ablehnung. Da wird die Menschheit schon so besiegbar gemacht, gerade auch mit dieser Frequenz des Körpers, diese Abhängigkeit in der Sexualität und diese Abhängigkeit, mit diesem Körper einfach zu funktionieren und nicht diesen Körper zu spüren.

Doch Unbesiegbarkeit ist absolut Sattsein und diese Vollkommenheit, jenseits von Bewertung und Abhängigkeit. Und das ist so wichtig, dass sich die Menschen wieder freuen, dass sich die Menschen wieder begegnen und absolut aus dieser Abhängigkeit, aus den Systemen dieser Welt rauskommen. Dafür sind alle Projekte der Meister der Zukunft, das System im System lemurianisch zu verändern. Denn diese Frequenzen sind so stark, gerade hier in Thuria, diese Schönheit, diese Verbundenheit, die Delfine und Wale, alles wirklich in dieser Einheit. Und der Boden ist so reich und die Menschen so arm. Deshalb ist es so wichtig, dass die Menschen wieder im Einklang mit dem Boden sind und den Reichtum zusammen feiern, diesen Reichtum zusammen zu feiern, diesen Reichtum zusammen zu erkennen. Wenn jedes Volk mit dem Reichtum des Bodens in Verbindung wäre, dann wäre schon längst keine Armut mehr da auf diesem Planeten, gar keine. Dann wären nicht mehr diese Systeme von Mangel, von Armut, von Frustration und so. So wie in Thuria, diese Ebenen wirklich für sich und für dieses Volk, diese Schönheit, diese Veredelung, diese Kraft, diese Genialität.

Industriezucker zerstört den Körper auf vielen Ebenen

Dass die Menschen überall Zuckerflecken kriegen, ist doch wirklich sehr speziell. Diese Flecken auf eurer Haut, diese Leberflecke, das sind ja Zuckerflecken, Übersäuerung. Das Gift wird eingelagert in die Haut, weil die Organe nicht mehr können durch den Sauerstoffmangel, durch den Sonnenmangel, den sie jetzt erzeugen wollen. Dann kann der Körper nicht mehr diese ganzen Zuckermassen rausbringen. Und jetzt auch mit diesem Nektar, wenn die Mütter in der Schwangerschaft auch diesen Nektar sechs bis zehn Mal bekommen haben, die Kinder werden auch schon mit diesen Zuckerflecken geboren. Das ist wirklich diese Zeit, dass diese Verdunkelung ist, diese Frequenzen, dass die Kinder so abhängig von Zucker gemacht werden, diese Perversität über die Nahrung. Es gab keinen Zucker in Lemuria, und trotzdem waren alle glücklicher als glücklich. Und dann muss man sich erst einmal wieder etwas gönnen, bei den Menschen. Schokolade abends nach der Arbeit und am Tag, die Tafel Schokolade und diese ganzen Ebenen, diese Trostpflaster. Deshalb ist es so wertvoll, wenn die Menschen sich offenbaren und wirklich wieder lebendig erfahren. Diese Abhängigkeit von Zucker, die Kinder, die ja so abhängig gemacht werden von Zucker, die so stark in diese Euphorie gehen. Es ist eine Droge, irgendwann ist Zucker eine Droge und macht süchtig. Zucker erzeugt wirklich eine Situation im Gehirn wie Drogen. Und es gibt auch schon so tolle andere Zucker, wie der Kokosblütenzucker, der überhaupt nicht das Insulin ausschüttet, der überhaupt nicht die Bauchspeicheldrüse angreift. Das ist unglaublich, dass ihr solchen Zucker habt.

Deshalb ist es so wichtig, dass die Menschen davon auch wieder für ihre Spiritualität viel mehr frei werden, und diese Kinder in die gesunde Nahrung bringen für ihren Darm und ihre Organe, dass sie wachsen können. Zucker lässt die Organe nicht wachsen. Irgendwann verkleben die Wachstumsfugen im Knochen, dann hören sie auf zu wachsen. Deshalb waren wir auch so groß, drei Meter, wegen der Nahrung und dem Licht, wegen dem Vitamin D, wegen dem ganzen Stoff in der Luft, wegen den Sonnen. Niemand hat uns gesagt, du musst aufhören zu wachsen, du bist jetzt schon zwei Meter mit zwölf Jahren. Niemand hat uns gesagt, du musst aufhören zu wachsen, so wie sie es ja jetzt gerade passiert auf diesem Planeten, dass man dann Wachstumshemmer bekommen muss. Ist das ein Wahnsinn. Das ist vielleicht die Erinnerung an das Lemurianische Gen, wenn die Kinder so groß werden, das ist ja immer diese Ebene.

Die Verehrung des Leidens beenden

Es ist so schön, euch dieses ganze Wissen zu geben, damit ihr wirklich Wissende Lemurias seid auf diesem großen Platz Thuria, eine Nation. Die Wunderschöne, die wunderschönen Menschen, blau, lebendig, am Meer, Wasser, Delfine, all diese Dinge, die es schon gab. Und ihr habt doch das große Geschenk, dieses Wissen zu empfangen, zu erfahren, und euch nicht mehr hinter dieser ganzen Frequenz, hinter diesen ganzen Hologrammen zu verstecken. Dass ihr wirklich absolut frei werdet und euch nicht mehr versteckt hinter diesen ganzen gefährlichen Hologrammen. Denn warum gibt es diese Zellversammlung und all diese Dinge, weil sich der Körper befreien will aus dieser Abhängigkeit. Warum gibt es solche Strukturen der Abhängigkeit, der ganzen Dinge, und der Körper will sich befreien? Und dann muss man den Menschen, wie wir schon in der letzten Einheit mit Svatykanau sagten, sofort rausholen aus dieser Zellversammlung, und nicht, dass sie noch das ganze Dorf versammeln, um ihr ganzes Leiden mitzuteilen. Das ist nicht fair für den Körper, wenn man sein ganzes Leid allen immer mitteilen muss. Das ist nicht fair, dafür macht der Körper das nicht. Raus aus der Situation, raus aus dem Schock, sofort rausnehmen aus dem Alltag. Und nicht dann noch diese ganzen Telefongespräche über das Leid. Der Körper zeigt das Raus, und die Menschen verehren das Leid dann. Das ist so wichtig, dass ihr rausgeht aus dieser Verehrung des Leidens. Ihr habt das Leiden so gespeichert, das Leiden Christi, das Leiden Jesu, das Leiden am Kreuz.

Ihr müsst wissen, dass auch megagroße Dinge durch die Präsenz von Aouyash in Thailand geschehen sind, durch die Königsbesuche in Thailand, und durch diese Botschaften in Thailand, denn dadurch ist dieser Kinderhandel und Kinder-Sexhandel-Teil dort zusammengebrochen. Aber warum wir so schnell hier sind ist, weil sie das hier auf den Inseln genauso aufbauen wollen, weil es weiter weg ist, weil es geheim ist. Sie wollen es hier weitermachen. Das ist natürlich noch ärmer als Thailand, und somit wollen sie das hier genauso und noch größer aufziehen als dort. Doch ihr wisst, euer Menschenfreund Aouyash ist schneller. Das ist immer die Armut, die die ganzen Wesen dann nutzen, diese Abhängigkeit von dem Geld und der Sexualität, diese ganze Ebene. Viele Städte sind in Thailand nicht mehr aktiv durch diese ganzen Strukturen, durch die Macht der Menschheit, durch den Besuch im Rotlichtviertel mit Aouyash. Das hat alles sehr stark verändert. (Anmerkung: Reise mit Natara im März 2019) Und sie suchen immer neue und ärmere Plätze, damit die Abhängigkeit immer größer wird. Thailand ist auch gerade auf einer steigenden finanziellen Bewegung, es ist sehr stark geworden. Deshalb können sie nicht mehr so darauf eingehen und dieses Spiel dort spielen. Aber sie suchen sich dann immer neue Refugien, immer neue Löcher. Deshalb ist es ganz wichtig, dass wir, dass Svatykanau mit euch hier ist, um diese Reinheit, um diese Schönheit, um dieses Land auch wieder erfolgreich zu machen. Um zu sehen, was dieses Land mit den Menschen für eine Schönheit hat, für eine Lebendigkeit, für eine Reise von Lemuria. Aber sie nutzen immer diese Armut, um diese Sexualität für sich zu nutzen und zu zerstören. Und es sind ja keine hässlichen Menschen, wie ihr gestern gesehen habt. Deshalb sind alle fünf A's irgendwie auch als Männer da, bis auf dieses eine Mädchen, die gerade den größten Einfluss hat auf die Kinder und Jugendlichen, und die weiß sowieso nicht, was sie ist.

Kreativität durch die Musik stärkt das Immunsystem

Deshalb ist es so wichtig auch, dass ihr hier seid und wirkt und lebendig seid, dass ihr wirklich diese Schönheit mit den Menschen hier aktiviert, und das Lachen und die Lebendigkeit und die Musik, die einfach die Menschen verbindet. Deshalb ist es so wichtig, dass ihr euch einfach wieder stärkt und tanzt und diese Lebendigkeit erfahrt zusammen, denn Musik verbindet. Aus diesem Grund wurde auch viel gesungen in Lemuria, getanzt, gespielt. Die Kreativität in dieser Zeit ist so wichtig, denn wenn ein Kind ein Instrument spielt und lernt, das hat ein viel stärkeres Immunsystem auch durch die Kreativität. Und Kinder wachsen auch viel schneller und mehr, wenn sie Musikinstrumente spielen, als wenn sie keine spielen, durch die Kreativität. Kinder wachsen viel schneller, wenn man ihnen diese wundervolle Erfahrung gibt von Musik zu machen, egal wie. Niemals in die Bewertung gehen, du spielst schief, du bist nicht im Takt mit dem Triangel. Da fängt es ja schon an, mit dem Triangel, wenn man da schon nicht aus dem Takt sein darf. Die Kinder müssen wieder erfahren und stark sein und Instrumente lernen, denn dann werden sie unbesiegbar. Wenn sie eine Kreativität beherrschen, dann haben sie eine Technik, dann haben sie eine Botschaft. Kinder müssen unbesiegbar werden. Nicht durch Krankheit, sondern durch Kreativität, durch diese Lebendigkeit und Aktion, die sie setzen mit der Musik.

Lemu, die Wunderschöne. Wo ist das hin auf diesem Planeten? Wenn es doch in der ganzen DNA gespeichert ist, dieser Prozess von Lemu und unbesiegbare Krieger zu sein, dass euch nichts, nichts, nichts mehr wirklich umhauen kann, dass euch nichts mehr in die Bewertung bringt, in diese Anspannung, in diese Abhängigkeit. Das ist so wichtig, wo ist das hin in dieser Zeit, diese Unbesiegbarkeit als Frau, als Mann, jenseits der Abhängigkeit, und diese Freude? So wie ihr euch gerade gefreut habt, als ihr die Delfine gesehen habt im Meer. Ihr habt sie gerufen mit „VAYA ASHALA". Das ist doch das Mantra der Delfine von der Meisterin aus dem Wal- und Delfinland. Ihr habt sie doch gerufen, und natürlich kommen sie, das ist doch Energie, das ist doch Bewusstsein. Und wenn sie natürlich uns noch wiedersehen, ist es ein großes Fest. Und deshalb ist die Unbesiegbarkeit so wichtig, das ist doch absolute Fülle in eurem Bewusstsein. Die absolute Fülle, unbesiegbar zu sein, gegen den Mangel und diese ganzen Frequenzen. Unbesiegbar sein ist doch wirklich, auch keinen Verlust mehr zu erfahren. Die Menschen haben immer wieder Erfahrung mit Verlust, dabei ist es doch der absolute Planet der Fülle, und diese Schönheit. Macht die Menschen, die Völker, wieder stark durch ihren eigenen Boden, auf dem sie sind, wirklich auf dem sie sind. Diese Fülle, diese Kreativität, diese Freiheit, und alle dabei. Dass sie sich wirklich wieder ausdehnen, diese Kraft der Fülle, diese Kraft der Vollkommenheit. Deshalb ist es so wichtig, dass ihr dieses Wissen habt von Lemu, die Wunderschöne, die Wunderschönen. Lemuria, die Krieger des Lichts, die Unbesiegbaren.

Hormone für die Wiederholungen der Vergangenheit löschen

Dass euch nichts mehr umhaut, emotional und hormonell. Das sind doch eure größten Erfahrungen, diese hormonellen Erfahrungen. Wenn ihr doch in diesem Einklang, in diesem Gleichklang seid mit dieser Kraft, mit dieser Offenbarung, mit dieser Schönheit, dann müssen sich die Hormone der Vergangenheit nicht immer mehr einstellen, dann müssen die Hormone nicht mehr diese Kraft der Wiederholung ausbilden. Mit jeder Bewertung, mit dieser ganzen Ebene, schüttet ihr doch Hormone aus. Jedes Wort lässt Hormone ausschütten in eurem Gehirn. Und deshalb lasst euch nicht mehr von diesen ganzen Hormonen die Vergangenheit immer wieder bezeugen, nicht mehr immer wieder durch die Vergangenheit das Alte in das Bewusstsein bringen. Gerade was auch die ganzen Partnerschaften und diese Ebenen angeht, dass sich die Menschen wirklich wieder erfreuen, erfahren und lebendig sind. Dass die Menschen sich wieder friedvoll erfahren, und dass die Hormone absolut im Neubeginn der Zukunft sind und nicht immer wieder die Wiederholung machen. Das ist auch diese Abhängigkeit, denn die Menschen sind süchtig nach immer der gleichen Situation geworden, immer das Gleiche. Deshalb muss man die Menschen, die so hoch krank sind, sofort aus diesem Alltag rausnehmen, nicht dass man das Leid so hofiert. Dass man sie sofort mit der Zukunft konfrontiert und mit der Schönheit, die sie vergessen haben. Man muss sie aus dem Alltag rausnehmen, aus diesen ganzen Wiederholungen. Deshalb seid wirklich in dieser guten Kraft, in dieser schönen Kraft, die Wunderschöne. Diese Kraft, diese Weisheit, diese Erfahrung, auch mit diesen ganzen genialen Kristallen. Das haben sie auch alles mit den Obelisken, mit dieser

Form, schaffen wollen, und mit diesen Frequenzen der Siegessäulen. Die Siegessäulen haben sie in Krieg umgewandelt, nur noch mit Krieg, nur noch mit Blut und nicht mehr mit dieser ganzen Schönheit. Dass die Menschen nur noch mit diesen Obelisken in Kontakt sind, von Blut, von Wiederholung der Vergangenheit, von Krieg, von diesen ganzen Strukturen. Deshalb ist es doch so gekommen, weshalb die Menschen in dieser ganzen Krankheit baden und in diesem Kranksein sich so wohl fühlen. Und wenn alle Menschen in dieser Abhängigkeitsfreiheit und Bewertungsfreiheit sind, aus der Abhängigkeit und Bewertung draußen sind, wie kann es dann noch zu Krankheiten kommen, wie kann es dann noch Krankheiten und Anspannung geben? Dann muss sich die Krankheit nicht mehr zur Verfügung stellen. Wenn es die Bewertung und die Verurteilung und diese Ebene nicht mehr gibt, dann ist es doch ein so wundervolles Manifest. Keine Krankheit mehr. Jeden Tag Kokoswasser trinken aus der grünen Kokosnuss ist ein Verjüngungs-Bad, das ist so stark für die Haut, für die Nägel, für die Augen, für eure Gehirnzellen, für die Gesundheit, für die Verdauung, weil es die Organe nicht angreift. Hier trägt doch keiner eine Brille, ist euch das noch gar nicht aufgefallen, denn die trinken doch jeden Tag Kokoswasser.

Die Unbesiegbarkeit ohne Bewertung wieder erlangen

Deshalb gab es in Lemuria auch keine Zäune, weil sich niemand mehr zur Verfügung gestellt hat für etwas Dummes oder irgendetwas Komisches oder Waffen. Wenn du unbesiegbar bist, dann stellst du dich auf keinen Fall mehr für irgendetwas zur Verfügung. Auf keinen Fall! Das ist so wichtig, dass ihr unbedingt die Unbesiegbarkeit erfahrt, egal wo ihr seid, egal aus welchem Land ihr kommt. Dann könnt ihr jetzt nicht sagen, ihr kommt aus Deutschland und habt das Karma von den Nazıs oder dem und dem, nein, die Unbesiegbarkeit. Diese Kraft und diese Schönheit, unbesiegbar zu sein als Frau und als Mann. Durch die ganze Früh-Sexualisierung nehmen sie ja wieder diesen Sieg den Kindern. Das ist immer dieses, dass sie die Kinder mit dieser ganzen Ebene jetzt überziehen, dass sie gar nicht mehr wissen, was ist Mann, was ist Frau, was ist „die Wunderschönen". Alle Kinder sind Lemus, die Wunderschönen. Alle Kinder und alle Menschen sind Lemus, sie haben es nur vergessen, ihre Schönheit.

Das ist doch der absolute Reichtum auf eurem Planeten, diese Früchte, die da sind. (Anmerkung: Snacks werden gereicht mit Keksen und Bananenchips.) Es ist so schön, wenn die Finger kleben. Kinder wollen sich niemals die Hände waschen, und dann muss man sie darauf schlagen und sagen: „Wasch dir die Hände.“ Unfassbar, lass sie doch kleben, sie haben doch gerade so schön damit gespielt und gegessen. Das ist doch so schön, wie es klebt, ihr habt es doch gerade gegessen, und wenn ihr es jetzt schon wieder bewertet, „meine Finger kleben“, was ihr da schon wieder mitgebt. Diese Liebe, die diese Menschen für euch kreiert haben, dass ihr dann schon wieder in die Bewertung geht von diesen pappigen Händen, das ist genau diese Ebene, alles muss euch unbesiegbar machen. Wenn ihr euch dann darüber aufregt, was ihr gerade noch mit euren Händen in den Mund gegeben habt, dass es klebt, das regt dann den ganzen Körper auf und klebt alles im Körper zusammen. Und genau das ist es, diese Ebenen, dass ihr euch dann an den pappigen Händen festhaltet und nicht am Geschmack, weil ihr das alle gehört habt, nach den Keksen und dem Doppelkeks und so: „Jetzt wasch dir die Hände.“ Das ist immer diese Ebene, diese Struktur, dass das, was die Menschen gerade nahrhaft aufgenommen haben für den Geschmack, dann sofort wieder zerstört wird.

Und wenn dann die Stifte kleben und alles klebt, ist doch wundervoll. Das ist doch einfach die Kreativität der Kinder, und sich überhaupt nicht in die Kontrolle und Bewertung zu bringen. Kinder bewerten nicht, wenn man sie lässt. Dann muss man sie erst in die Bewertung bringen. Man macht sie zu Bewertern. Aber Kinder sind wirklich unbesiegbar, wenn man sie lässt. Deshalb muss man sie lebendig und friedvoll sein lassen, und würdevoll, dass sie wirklich sich dem Leben offenbaren. Deshalb, segnet einfach diesen Papp, denn ihr habt gerade euren Körper gesegnet mit dieser Nahrung, mit diesem heiligen Fest dieser Kokosnuss, dieser Äpfel, Birnen, Bananen und den Keksen. Segnet es einfach und lasst es nicht in dieser Verwirrung wieder zurück: „Oh je, meine Hände pappen“, denn dann pappt das Innere natürlich auch im Körper. So einfach. Feiert, dass ihr Essen habt, feiert, dass es klebt, dass ihr solche Nahrung im Paradies habt, das ist doch wichtig. Und dass ihr nicht dann sofort in die Bewertung geht, weil es in eurem System so gespeichert ist: „Jetzt muss ich aber schnell die Hände waschen“ und „Das darf nicht kleben“. All diese Dinge, die sich einfach so breit gemacht haben in dem System. Und deshalb, wenn ihr in dieser Freiheit seid und dieses Essen nicht bewertet, diese Ebene, das ist auch ein Prozess, dass die Nahrung dann gut verwertet wird und auch wieder gut rauskommt. Das ist doch alles auch eine hormonelle Geschichte geworden bei euch, diese Nahrungsaufnahme.

Wenn ihr esst, dann esst – bewusst

Doch einmal am Tag hat sich das ganze Volk versammelt, jetzt im Kleineren, nicht alle zusammen, denn der Kontinent war ja sehr groß, und sie haben nur Nahrung aufgenommen, nicht gearbeitet, dann war alles still. Und dann kann auch wieder die Freude am Essen kommen. Wenn ihr 24 Stunden essen könnt und alles gleichzeitig machen müsst und könnt, dann vergeht euch ja die ganze Freude am Essen, weil ihr euch gar nicht mehr auf das Essen konzentriert, sondern alles gleichzeitig macht. Und deshalb ist es so wichtig, dass ihr euch zum Essen wieder Zeit nehmt, so wie euer Menschenfreund Aouyash euch das auch in den Kochshows wieder darbringt. (Anmerkung: „Gib der Natur eine Chance – die lebendige Kochshow mit Aouyash" über Kamasha TV) Dass ihr wirklich nichts anderes tut außer Essen. Wenn ihr esst, dann esst, und nicht 20.000 Mails checken dabei. Das ist so wichtig: Wenn ihr esst, dann esst. Sonst kann das Essen gar nicht verdaut werden, wenn ihr den Fokus nicht auf das Essen legt, sondern auf das andere nebenbei. Wenn ihr esst, dann esst. Das ist so mächtig, was ihr alles dabei mitesst und runterschluckt, wenn ihr parallel noch alles checkt. Was das für Ebenen sind für euren Darm. Deshalb nehmen die Menschen auch so zu, weil sie sich überhaupt nicht mehr auf das Essen konzentrieren, auf das, was sie zu sich nehmen. Es ist einfach so beiläufig, und das macht die Menschen auch so kräftig, weil sie sich nicht auf das konzentrieren, was der Körper gerade bekommt und zu sich nimmt. Und auch die Kinder macht es so kräftig, weil sie sich nicht mehr konzentrieren auf die Nahrung.

Doch wenn ein Volk sich trifft und dieses Essen und diese Nahrung zelebriert, und sich wirklich auf das Essen bezieht, dann entsteht doch Frieden, dann hat man einen Geschmack. Wenn ihr gar nicht präsent seid für das Essen, dann habt ihr auch gar keinen Geschmack oder ihr schmeckt immer dasselbe. Das ist so wichtig, dass ihr euch dessen bewusst macht, dass ihr wirklich in Freiheit euer Essen zubereitet, euer Essen darbietet, und das Essen wirklich für euren Körper als Heilmedizin seht, als kraftvolle Speisen, und nicht, weil es einfach so dazugehört. Es ist wichtig, dass ihr euch dessen wieder bewusst seid, warum sich die Menschen nicht mehr diese Zeit und Kreativität nehmen. Es ist ja eine so große Spiegelung der Kreativität, hier von dieser Backbanane, von diesem Manifest, die Mandalas, die darin sind. Die Menschen schauen ja gar nicht mehr was sie essen, sondern, es muss hinein. Das war in Lemuria wirklich diese Achtsamkeit, sich einmal zu treffen und diese Nahrung zu feiern, zusammen diese Nahrung aufzunehmen und dieses große Fest zu feiern. Und einmal am Tag reicht ja dem Körper völlig, wenn man nicht in dieser Involvierung und den hormonellen Geschichten ist, was alles mit Essen zu tun hat in eurem Leben. Es würde einmal am Tag komplett ausreichen, ohne dass es euch an irgendetwas mangelt.

Und ihr habt ja immer diese Angst um den Mangel, aber es würde einmal am Tag komplett reichen, wenn ihr diese Bewertungsfreiheit habt, diese Abhängigkeitsfreiheit. Und ihr verbrennt ja so viel durch die Gedanken und Hormone, und dieser Hungerkrieg zwischen den einzelnen Hormonen in eurem Körper, zwischen satt sein und hungrig sein. All das Wissen, was wir euch ja schon gegeben haben aus Lemuria. Aber es geht um das Bewusstsein, denn alles ist Bewusstsein, und Nahrung auch. Deshalb, Lemuria, die Wunderschöne, diese Unbesiegbarkeit, auch in der Nahrung und in dieser ganzen Struktur, dass die Nahrung wieder Freundschaft und Lebendigkeit ist mit dem Körper. Wenn man nur Dosen-Food isst, dann wird man zur Dose. So viel Dosen-Food gibt es auf keinem anderen Planeten gerade, dann wird man zur Dose. Die Kartoffelsuppe aus der Dose, und dann wird man zur Dose, das ist doch klar, wenn sich die Kartoffelsuppe zwei Jahre darin befindet. Aber es ist ja so schön, man macht die Dose auf und alles ist schon fertig, und den Rest friert man ein, wunderbar. Das ist doch so mächtig, wie man die Menschen damit so einfriert und kontrolliert, sie einfach in diesem Mangel hält. Deshalb nehmt euch Zeit für das Essen, für diese Kraft, denn dann werdet ihr auch immer mehr aus dieser Abhängigkeit rauskommen. Wenn ihr spürt und Raum habt für diese Nahrung, dann ist auch irgendwann diese Abhängigkeit nicht mehr da.

Mit Projekten der Fülle die Menschen aus der Armut bringen

Das ist doch jetzt so wichtig, dass ihr euch dessen bewusst seid, wie auch die Abhängigkeiten die Hormone steuern, und die Bewertungen die Hormone steuern. Deshalb habt ihr auch gesehen, wie die Menschen die Nahrung dankbar annehmen auch über die Food Trucks, über das „Engel sein"-Projekt. (Anmerkung: Aktionen durch die Vereine „Children beyond the world" und „Oronos Verein" in Verbindung mit der Oronos Stiftung) Wie die Menschen wirklich wieder hingebracht wurden zu dem vegetarischen Essen und zu dieser Form „es kostet nichts". Das hat ja die Menschen am meisten verwundert: Es kostet nichts, Nahrung ist kostenlos. Was ist daran für ein Haken? Das kann nicht sein, dass ich für diese Nahrung nichts bezahlen muss. Doch das sind diese mega

Projekte, um wirklich den Menschen zu zeigen, wir sind füreinander da. Das ist nicht diese Ebene von „Armut zieht Armut an", sondern die Menschen auch aus dem Armuts-Bewusstsein rauszubringen, sie wirklich mit dieser Nahrung aus diesem Manifest der Armut rauszubringen, zu schmecken. Nahrungsmittel müssten alle kostenlos sein, denn sie sind auf eurem Boden entstanden.

Und diese ganzen Ebenen von diesen Projekten „Kutsche der Fülle", „Food Tuck" und „Engel sein" sind wirklich, um den Menschen wieder diese Fülle in der Nahrung mitzugeben, diese Freundschaft. Denn die Nahrung ist die Freundschaft mit dem Körper. Und das ist doch so wichtig, dass das die Menschen wieder wissen und erfahren, dass das die Freundschaft mit dem Körper ist. Dass die Menschen sich wieder ausdehnen, und dann reicht es ja völlig, einmal am Tag zu essen, dann ist man nicht mehr in diesem Zwang und in dieser Struktur, weil ihr dann einfach auch nicht mehr so viel nachdenkt. Deshalb ist es so schön, wenn ihr diese Früchte, diese Essenz dieser Botschaften wahrnehmt, und diese Freude daran. Nicht sofort alles wieder zu zerstören mit euren klebrigen Händen, denn das ist genau wieder die Bewertung und die Verurteilung. Dieses Bewusstsein, was ihr dann den ganzen Tag wieder alles zerstört, was ihr gegessen habt, was ihr gemacht habt, was ihr dann mit so einer Bewertung wieder alles zerstört. Und das bringt dann natürlich die Verdauung auch ganz durcheinander. Das ist immer, weil ihr das ja nie so erfahren habt. Es ist alles Bewusstsein. Kokosblütenzucker ist wundervoll, weil er die Organe nicht belastet und noch gut schmeckt für euch. Und dieses Kokoswasser, dieser Kokossaft, der macht die Haut straff, verbessert den Darm und die ganzen Ebenen, macht einfach eine große Harmonie in den Organen.

So wertvoll, Lemu, die Wunderschöne. Lemuria, die Unbesiegbaren. Was habt ihr für eine gute Lebendigkeit in euch, allein schon mit all den Genen und Kristallen. Ihr habt die beste Gesundheit, die beste Heilung, alles da. Ihr seid auch mit den Kristallstädten verbunden über diese Gene, über diese Musik und über eure Kristalle. Und ihr seid auch mit dem großen Kristall verbunden, der immer noch mit seiner Energie wirkt. Deshalb wird diese Kraft auch immer stärker, wird immer mehr in dieser Vibration und in dieser Schönheit. Man muss die Kristalle nicht reinigen und gar nichts, weil sie einfach in diesem Kontakt sind auch. Und die Kristalle, die ihr mit den Botschaften von der Gangesquelle habt, von diesem Fluss, von der Quelle Lemurias, die muss man auch nicht reinigen. Diese Gangesquelle, die mit der Lebendigkeit fließt und die Menschen in der Lebendigkeit hält und diesen Planeten in der Lebendigkeit hält. Ihr habt doch so viel, und ihr bekommt noch so viele lebendige Informationen in diesen Tagen, so viel Schönheit aus diesen Klängen Lemurias, aus dieser Weite Lemurias, diese Unbesiegbarkeit. Aus dieser Quelle der Unbesiegbarkeit, dass ihr auch so stark seid, dass dieses Bewusstsein in euch immer stärker wird der Unbesiegbarkeit. Dass euch nichts mehr umhauen oder besiegen kann, sondern dass ihr immer die Unbesiegbaren seid, immer. Dass ihr wirklich nicht mehr diese Hologramme und die Armut und die Krankheit braucht aus der DNA der Vergangenheit, aus der Herkunftsfamilie. Dass ihr wirklich frei seid, lebendig, stark und friedvoll. Nicht jetzt unberührbar, sondern die Berührbarkeit in der Unbesiegbarkeit. Das ist die Kraft und das ist das Geheimnis.

Deshalb seid wirklich in dieser guten Kraft, in dieser guten Manifestation, erlebt das Beste, erlebt euch in dieser Unbesiegbarkeit, in dieser Freude. Und lasst wirklich jede Nahrungsaufnahme in Freude, in Würde, in Schönheit geschehen. Denn es zeigt sich euch ja dann, wenn alles umfällt und ihr alle Sachen fallen lasst. Am Schreibtisch zu essen, dann zeigt es euch das doch, wenn alles umfällt. Wenn ihr wirklich esst, dann esst. Seid in dieser Lebendigkeit. So viel Liebe, so viele Erkenntnisse an diesem Tag für Lemuria 0. Deshalb, Lemuria hat auf diesem Planeten stattgefunden, mit all diesen Ebenen dieser Manifestation, mit all diesen Ebenen, was wir hier euch erzählen, die Unbesiegbaren. Und wir sind euch vielleicht nur eine Sekunde voraus. Vielleicht sind wir euch nur eine Sekunde voraus. Seid in dieser Kraft, in dieser Schönheit, erkennt wirklich, wie sehr ihr euer Leben erfahren könnt, die Leichtigkeit und diese Freundschaft mit dem Sieg.

Mit Spielen die Akzeptanz des Volkes messen

Und wenn sie solche Spiele machen wie „Die Siedler von Catan", das ist genau das, was abläuft auch mit den ganzen Refugees, wie sie das alles so reinschmeißen durch diese Spiele. Das ist eines der erfolgreichsten Spiele in den 2000ern. Das war 1990, diese Siedler-Spiele, diese Besiedelung von anderen Stätten, von anderen Kontinenten. Da haben sie genau schon alles manifestiert in diesem Spiel, was ja bis heute noch eines der erfolgreichsten Spiele der Welt ist, „Die Siedler von Catan". Aber sie haben das damals schon alles in euer Bewusstsein gegeben. Deshalb seid wirklich in dieser Achtsamkeit, was so gespielt wird auf diesem Planeten. So wie auch beim Spiel „Monopoly", alles wird privatisiert, jede Straße wird privatisiert. Je mehr Menschen das spielen und kaufen, umso mehr haben sie natürlich dieses Interesse geweckt bekommen, das so durchzuziehen. Denn das sind ja erst einmal Spiele, das sind Tests für die Menschheit, und dann werden die Tests real. Jeder bekommt sein bedingungsloses Grundeinkommen von 4000, und dann kann man das Elektrizitätswerk kaufen, man kann die Bahnhöfe kaufen, alles privatisiert, genau das, was ihr jetzt habt. Das sind immer die Vorbereitungen. Achtet auf die Spiele, die immer sehr erfolgreich sind, denn das sind ihre Antennen. Das sind ihre Botschafter, „ok, wir tun es so, wir werden es tun", wenn ihr so viel damit spielt. Das ist das „Ja, wir werden es umsetzen". Damit erzeugen sie das Ja, diese Botschaft bei den Menschen. Das ist Bewusstsein, sie spielen einfach mit eurem Bewusstsein über die Spiele auch.

Deshalb, es ist so wichtig, dass ihr in dieser Zeit auch diese Freundschaft erfahrt, diese Gemeinschaft, diese Zaunfreiheit in eurem Gehirn. Dass ihr diese Begrenzung nicht mehr nutzt, dass ihr keine Begrenzung mehr habt zu eurer Unbesiegbarkeit, denn die ist grenzenlos. Und schaut, ein ganzer großer Kontinent ist in diese Unbesiegbarkeit gegangen. Deshalb, das schafft ihr doch auch.

SVAKURATY aus dem Lemurianischen Rat der Drei Meister des klärenden Friedens

So wundervoll, euch auf Thuria zu treffen. Svakuraty ist da für die Lehren aus Lemuria, für das Wissen aus Lemuria, über diese göttliche Kraft Lemurias. Es waren nicht die Vergessenen, es waren die Krieger. Und wenn ihr wissen wollt, wie groß das alles war, dann pflanzt einen Mammutbaum, der Mutterbaum Lemurias. Pflanzt einen Mutterbaum im Schoße der Mutter, den ihr kennt als Mammutbäume, in unserer Zeit auf dem Planeten die Mutterbäume. Und bis heute gibt es Länder, wo sie auf diesem Planeten sogar Autobahnen durch diese Mutterbäume bauen, weil sie so groß sind. Wenn ihr wirklich wissen wollt, wie groß Lemuria ist und war, dann pflanzt einen Mutterbaum. Es ist sowieso gut, einen Mutterbaum zu pflanzen für euch in euren Gärten, in euren Schöpfergärten, denn Mammutbäume, diese Mutterbäume, werden unendlich groß. Und wir haben auch in diesen Mutterbäumen gelebt auf diesem Planeten, denn sie sind so groß, dass man dort eine Lodge, eine Suite, eine große Herberge hat. Vor allem wenn Sturm kam, sind das die allersichersten Ebenen und Schutzbäume. So hoch, da kommt keine Welle und kein Wind hin, kein Sturm kann sie umhauen. Die Mutterbäume sind doch auch die unbesiegbaren Bäume, deshalb gehört in jeden Garten ein Mutterbaum auf diesem Planeten. Die unbesiegbaren Bäume, da braucht man mindestens 18 Sägen, um etwas zu zersägen, weil man dort so schlecht rauf kommt. Doch ihr braucht Mutterbäume wieder in euren Gärten, Mammutbäume. 200 bis 300 Meter hoch werden sie, wenn man sie lässt. Hier waren sie 300 Meter hoch, und das ist eine Menge. Sie wachsen wie die verschiedenen Linien nach oben. Das waren auch alles Sender und Empfänger für das Gute, diese Mutterbäume, diese Mammutbäume.

Und das ist so kraftvoll und so kreativ, wenn ihr wirklich in dieser Zeit einen Samen bekommt für diesen Mutterbaum, damit wirklich dieser Ursprung der Weiblichkeit wieder aktiv ist, damit dieser Ursprung der Männlichkeit wieder in Frieden kommt. Deshalb ist es sehr wichtig, diese Informationen für euch, denn man kann dort wirklich vor wilden Ebenen auf diesem Planeten geschützt sein, die ja jetzt auch immer stärker gemacht werden. Diese Tsunamis und diese Ebenen, die immer stärker durch die Rüttelmaschine von Dr. Tesla ausgelöst werden, diese Erdbeben. Da ist es doch sehr wichtig, so einen Schutzbaum zu haben, denn der bleibt stehen, so ein Mammutbaum bleibt stehen, da könnt ihr wirklich drin wohnen. Der kühlt euch in der Hitze, der wärmt euch im Winter, alles. Deshalb ist es sehr wichtig, euch diese Information zu geben, weil so ein Mutterbaum wirklich Schutz bietet in allen Zeiten. Und wir hatten viele, viele von solchen Mutterbäumen, diese Größe, diese Unbesiegbarkeit eines Mammutbaumes, diese Unbesiegbarkeit von diesem Mutterbaum. Das war diese Spiegelung auch von dieser Weiblichkeit, dieser Inspiration, die das Volk geführt hat. Und es gibt hier mit Sicherheit auch noch Mammutbäume, auf Thuria, und sie sterben. Diese Offenbarung, das ist so ein großer Heilungsbaum auch, so ein großes Wesen. Und da denken sie schon in New York mit ihren ganzen Towern, sie wären hoch. Aber 200 bis 300 Meter, das ist hoch.

Mammutbäume und Zedern für die Heilung auf vielen Ebenen

Und wir hatten diesen großen Baum der Erleuchtung, die Zeder. Diese Genialität der Zedernnüsse für das Gehirn, für die Zirbeldrüse, das ist so wertvoll und so klar, diese Zedernbäume. Und da reicht schon die Essenz, drei Zedernnüsse und ihr fühlt euch satt, durch die Fette und Öle und alles, was da drin ist. Und diese Fülle, Zedernöl, das habt ihr immer noch, das ist das stärkste und nahrhafteste Öl, das ihr auf diesem Planeten nutzen könnt. Und auch gerade, wenn die weiblichen Pyramiden, wenn die weiblichen Brüste so voller Geschwüre sind, muss man die Menschen, die Frauen in einen Mammutbaum legen, damit sie wirklich wieder in die Mutterfrequenz kommen von dem Mutterbaum. Denn so hoch wächst kein Baum, außer der Mammutbaum. Die weiblichen Brüste sind nach vorne strahlende Pyramiden, so wie sie aufgebaut sind, Lichtpyramiden. Wenn diese nicht in dieser Kraft sind und die Menschen sich so schämen dafür, und für die ganze Ebene, dann macht sich der Körper an diesen Stellen bemerkbar, dieses Nichtakzeptieren und die ganzen Geschichten. Dann ist es so wichtig, dass wirklich diese weibliche Frequenz wieder in die Mutterbäume kommt, um wirklich zu heilen. Man muss diese Pyramiden auch einreiben mit Zedernöl, wenn man so eine Inselgruppe in der Brust hat. Nicht mit Terpentin, nicht mit diesem ganzen Schrott, sondern mit Zedernöl, wichtig, denn das Zedernnussöl ist das stärkste Öl, was ihr auf diesem Planeten habt. Und deshalb ist es auch so wichtig, dass ihr Zedern pflanzt in euren Gärten.

Das ist doch alles möglich, durch diese Permakultur wächst doch alles bei euch und ist alles möglich. Das ist immer nur diese Begrenzung, „das wächst hier nicht“, das ist immer nur eure Begrenzung. Deshalb ist es wichtig, dass ihr auch Zedernbäume pflanzt in euren Schöpfergärten, und Mammutbäume, Mutterbäume. Das ist wirklich der größte Schutz auf diesem Planeten, vor Tsunamis, vor wilden Winden, denn die fallen nicht um. Das ist auch diese Kraft von Unbesiegbarkeit in euren Schöpferländern, in euren Gärten. Mammutbäume und Zedern wachsen auch sehr schnell. Doch das ist diese Harmonie, die dann ein Mutterbaum wieder lebendig macht, diese Harmonie, die ein Mutterbaum ausstrahlt, dass die Menschen wieder lebendig sind, wieder neu geboren werden in dem Mutterbaum, in dem Mammutbaum, diese tiefe, tiefe, lebendige Erfahrung. Das ist auch eines der härtesten Hölzer auf diesem Planeten. Die Schiffe, die daraus gebaut werden, die gehen nicht kaputt. Wichtig, dass ihr wirklich gute Schiffe habt aus Mammutbaumholz, denn sie sind ganz besonders. Was für eine Lebendigkeit in euch, wenn ihr euch mit diesen Saaten, mit dieser Kraft von der Zeder und dieses Mammutbaumes wieder verbindet. Diese tiefen Ebenen, dass ihr wirklich Lemuria 0 aktiv habt in eurem Leben, dazu gehören auch die Zedern und die Mutterbäume, weil es sehr, sehr starke Heilbäume sind. Und diese Felder, diese Lebendigkeit, was allein die Zeder im Körper alles ausgleichen und machen kann. Was für eine Heilungsbotschaft in der Zeder wirklich ist.

Kristalle Lemurias sind auch Dimensionstore

Und je klarer das Volk von Lemuria wurde, umso mehr kamen natürlich auch die Inspirationen, umso mehr kamen die Frequenzen der Zeitmaschinen, wirklich in die anderen Ebenen schon zu reisen. Das wurde ja alles schon bestens vorbereitet. Das war ja nicht so eben, ich packe meinen Koffer und nehme eine Taschenlampe und eine Taucherbrille mit. Das waren diese Ebenen, dass diese Kristalle auch Dimensionstore waren und diese Ebenen mit Zeitreisen gemacht werden konnten. Diese Zeitreisen schon in diese Dimensionen, in denen wir uns jetzt befinden, alles damit wirklich zu sehen, zu schauen, diese Frequenzen. Und es war kein Meteoriten-Einschlag oder Mutterschiff, was gelandet ist, was abgestürzt wäre damit, dass Lemuria untergeht. Das könnt ihr ja alles so in den Geschichten lesen, dass ein großes Mutterschiff eingeschlagen ist auf diesem großen Kontinent und dass dann dadurch Lemuria untergegangen ist. Das ist ja alles Quatsch. Natürlich gab es Anfeindungen und Kriege, denn diese Frequenzen und diese Unbesiegbarkeit war nicht erwünscht. Doch diese Unbesiegbarkeit war stärker, ein Volk, das sich nicht umschmeißen lässt, ist stärker. Ein Volk, das wirklich gemeinsam aufsteht und sich nicht mehr brechen lässt, ist stärker. Und deshalb ist es so wichtig auch. Wir hatten natürlich auch Mutterschiffe mit Kontakten, mit denen, die uns voraus waren. Doch diese Frequenzen waren immer ausgerichtet auf den Sieg, auf das Siegersein, auf die Frequenzen dieser Schnelligkeit.

Deshalb, auf jeden Platz gehört wirklich ein Mammutbaum und eine Zeder, dass wirklich alle Menschen diese Unbesiegbarkeit gespiegelt bekommen, dass die Menschen alle wieder mit diesen Bäumen kommunizieren. Es ist wirklich so ein großer Heilbaum, der Mutterbaum, so kraftvoll und lebendig. Und bis heute gibt es Autobahnen in den USA, die die Autobahnen halten sogar, mit ihrem Stamm. Und der spendet Wärme und der spendet Kälte und ist wirklich ein Baum des Lebens, der Mutterbaum, der Mammutbaum. Den Namen hat man dann auch so verändert, das muss man doch nicht noch daraus machen, dass man einen Baum „Mutterbaum" nennt, deshalb haben sie ihn Mammutbaum genannt. Aber der Ursprung ist der Mutterbaum.

Das Gehirn ist zeitlos, denn es ist die Seelen-DNA

Diese Zeitmaschinen und diese Zeittore und all diese Ebenen wurden ja alle über die Kristalle und die verschiedenen Formen der Kristalle aufgebaut, aktiviert. Und diese großen Kristalle, 33 Meter und höher, diese Verbindungen, und 333 Meter dieser größte in der Zentrale, um diese ganzen Botschaften und Strukturen aus den anderen Dimensionen und Universen zu empfangen. Besonders wichtig war wirklich diese Abhängigkeit und diese Bewertung loszulassen, denn das ist so beliebt bei den Menschen. Keine Bewertung, keine Abhängigkeit. Keine Abhängigkeit, keine Bewertung – so einfach und doch so penetrant die beiden, auf diesem Planeten. Deshalb pflanzt diese Bäume, die Mutterbäume und die Zedernbäume gehören wieder in jeden Garten, denn es ist so wichtig, diese Kraft, diese Heilkraft der Zeder. Dass die Menschen wirklich satt sind von diesen Nüssen, von diesen Ölen, diese Genialität, denn sie gleichen so viel aus im Körper. Und je feiner das Gehirn wird ohne diese Abhängigkeit, ohne diese Beurteilung, je klarer seid ihr auf diesem Planeten. Ihr könnt wirklich so viel erfahren und so viel in eurem Leben verändern. Und diese Offenbarungen, unsere Zeitlosigkeit, denn das Gehirn ist doch absolut zeitlos. Und ihr gebt ja diesen ständigen Input von Zeit, von Zeit, dieser ständige Input, dieses ständige Zeitfenster um diese Zeit. Aber das Gehirn ist doch zeitlos.

Deshalb können die Kinder auch nicht diese Uhr verstehen, und was macht man ihnen für einen Druck mit „du musst jetzt die Uhr lesen". Kinder können das nicht verstehen, denn es ist nicht in ihrem System, das Zeitsystem. Es geht nicht in ihr System, diese kreisrunde Zeit. Das sollte man niemals tun, den Kindern die Zeit zu lernen, weil das Gehirn zeitlos ist mit der Seelen-DNA, denn euer Gehirn ist ja die Seelen-DNA. Deshalb ist es dann auch so gekommen, dass man erst einmal diese Sonnenuhr genutzt hatte, dieses „wir treffen uns bei Sonnenaufgang". Doch, dass das so was von mächtig ist, wenn man den Kindern den kleinen und den großen Zeiger reindrückt ins Gehirn, weil sie das nicht verstehen können, da das Gehirn zeitlos ist. Wie lange habt ihr gebraucht? Und bis heute habt ihr Schwierigkeiten mit dem kleinen und dem großen Zeiger. Das gibt es ja kaum noch, es ist ja nur noch der Zahlen-Code. Doch das ist so mächtig, euer Gehirn, eure Seelen-DNA ist doch zeitlos. Deshalb darf man den Kindern nicht diesen Druck machen, du bist jetzt 16 und kannst immer noch keine Uhr lesen, na und? Das spielt ja keine Rolle, denn das Gehirn ist zeitlos, eure Seelen-DNA ist zeitlos. Und das werdet ihr immer weiter und mehr spüren, wenn ihr dieses Gehirn in dem Kontakt habt, denn diese Müdigkeit und diese ganze Struktur sind ja alles nur Hormone. Dass ihr um zehn Uhr müde werdet, das sind doch einfach nur Hormone. So ist es doch viel schöner, wenn ihr das mal ausmacht, wir treffen uns, wenn die Sonne im Süden steht. Das ist doch viel romantischer. Wir treffen uns, wenn die Sonne im Norden steht - also gar nicht. Das ist doch so viel schöner, wirklich wieder mit der Harmonie der Elemente eure Sprache zu formen. Diese Harmonie, dass es wirklich eine so schöne Ebene ist mit dieser Natur und mit dieser Kraft und Lebendigkeit der Sonnen umzugehen, dass man diese Zeit so auflöst, denn euer Gehirn ist so was von zeitlos, euer Gehirn ist doch die Seelen-DNA.

Durch Zeitlosigkeit unbesiegbar werden

Und das ist doch so schön, wenn ihr wirklich wieder diese Lebendigkeit und diese Schönheit in euch erfahrt. Gerade auch mit den Kindern, die so ausgelacht werden, wenn sie den kleinen und großen Zeiger nicht kennen. Aber das ist so was von egal, denn es ist nicht ihre Zeit. Deshalb, Lemuria war zeitlos auf diesem Kontinent, durch diese Ebenen. Wie rein das Gehirn wird ohne Abhängigkeit und ohne diese Bewertung, denn mit jeder Bewertung, mit jeder Abhängigkeit, werden die Hormone ausgeschüttet. Diese ganze Abhängigkeit in der Sexualität und diesen Geschichten, und alles, was damit zusammenhängt, das macht alles die Verwirrung. Diese Verwirrung, diese Involvierung, die die Menschen immer wieder damit haben, denn die Zeit ist ja der größte Involvierer, dass ihr wirklich all eure Körper abhängig macht von Zeit. Jetzt ist es

Zeit dafür, jetzt ist es Zeit zu sterben, die Zeit zu verlieren, jetzt ist es Zeit, dass und Zeit, dass. Das ist immer nur diese Begrenzung, und unbesiegbar zu sein ist auch wieder, zeitlos zu sein.

Und das ist dann auch diese Spiegelung von den Zedern, die auch viele, viele hundert Jahre werden können. Die Zeitlosigkeit, diese Spiegelung der Mammutbäume, diese Unbesiegbarkeit. Und das ist so wichtig für Lemuria 0, diese Unbesiegbarkeit, diese Krieger des Lichts, diese Krieger der Gerechtigkeit, die Wunderschöne, diese große Erfahrung des Göttlichen. Und dieser Mutterbaum ist auch ein Friedensbaum. Wenn man den dann aussät, dass wirklich überall dann Friedensbäume entstehen, dass überall in jedem Zentrum, in allen Zentren, in euren Gärten, Friedensbäume entstehen. Mutterbäume sind Friedensbäume. Deshalb konnten sie mit uns auch keinen Krieg machen, diese Unbesiegbarkeit in diesen Körpern und auch in der Natur. Und so viele Vögel und so viele Tiere, die dann auch in diesen Mammutbäumen wohnen, was für ein Paradies, was für eine Frequenz. Und deshalb ist es so wichtig, pflanzt wieder Mutterbäume für den Frieden auf diesem Planeten, für die Unsterblichkeit auf diesem Planeten, für die Kraft des Guten und für diesen wundervollen Respekt auf diesem Planeten. Diese Zedern, die auch so viel Sauerstoff produzieren in euren Gärten, das ist doch so wundervoll. Und das ist so wichtig, dass ihr auch diese Kraft nutzt für Lemuria 0, auch diese Schönheit und diese Lebendigkeit wieder zu erfahren. Und es immer auch eine Spiegelung für das Wachstum der Menschen, für dieses Wachstum.

Und im Moment ist ja überall ein Lemuria-Hype auf dem Planeten, Bücher über Bücher, Kartensets über Kartensets. Doch das ist so wichtig, dass die Menschen wirklich erfahren und das Wissen bekommen über Lemuria, über Thuria. Diese Frequenzen auch über diese Zeitmaschinen, über diese Zeittore, die wir übermittelt bekommen haben, über diese Oktaeder in diesen Manifesten von diesen Kristallen, diese Oktaeder-Form, und all diese Strukturen, die sich dort manifestiert haben für das Gute, für diesen Aufstieg und nicht für den Abstieg. Kein Komet hat uns getroffen, all diese ganzen Forschungsberichte und Forschungsergebnisse, was für eine Kampagne gegen Lemuria und gegen den Aufstieg, gegen die Mütterlichkeit und die Weiblichkeit. Deshalb ist es so wichtig, dass ihr wirklich wieder Lemuria 0 startet. Und ihr habt schon mit großen Manifestationen und Ebenen gestartet, lasst euch wirklich davon nicht abbringen. Macht wirklich Lemuria 0 unbesiegbar in euren Körpern, in euren Gärten, in euren Plätzen, in eurem Leben. Das ist ganz wichtig, macht Lemuria 0 unbesiegbar. Und mit dieser Manifestation dieser Mutterbäume und diese Zedernbäume ist es ganz wichtig auch, diese Unbesiegbarkeit in der Natur. Und mit diesen menschlichen Körpern könnt ihr wirklich in solchen Bäumen wohnen. Das werden die schönsten Wohnungen, und die sichersten Wohnungen. Und das kühlt und wärmt, diese Mutterbäume, wie eine Mutter, sie kühlt und wärmt.

Zu viel Zucker in der Nahrung verursacht Albträume

(Anmerkung: Es gibt Snacks für die Seminarteilnehmer.) Die Backbananen sind immer noch da, die halten sich aber. Müsst ihr einfach auf euch wirken lassen, diese Bilder, die ihr bekommt, was sich dann so in eurem Gehirn abspielt, wenn ihr Nahrung zu euch nehmt. Je nachdem, was Menschen essen, gerade auch die Kinder, was sie zu sich nehmen, so sind dann auch die Träume. Die Zuckerträume sind im Moment sehr massiv auf dem Planeten, diese Horrorträume durch den Zucker. Der Zucker erzeugt so viel Horror im Gehirn, und dadurch haben die Menschen so viele Albträume gerade. Deshalb ist es so wichtig, dass ihr wirklich Kokosblütenzucker nehmt und von dem wundervollen Kokoswasser trinkt. Und dass auch die Kinder den Kokosblütenzucker nehmen und für das Wachstum diese Ebenen erfahren von diesem Kokoswasser. So viele schöne Ebenen für den Körper, dieses Kokoswasser für die Kinder auch. Und den Kindern auch die Zedernnüsse geben für Beruhigung des Gehirns und für diese ganze Struktur. Das könnt ihr immer ganz bewusst spüren, was das macht im Körper, was das macht im Gehirn auch, solche Bananen-Chips, solche Kekse, denn all diese Dinge geben dem Körper eine Reaktion. Diese Aktion, ihr nehmt es zu euch, eine Reaktion kommt mit diesen Dingen und den Hormonen. Dass ihr wirklich diese Klarheit erfahrt auch durch die Nahrungsmittel, die Lebendigkeit, diesen Frieden, denn wie gerade schon gesagt wurde, diese Horrorträume, diese Zuckerträume, die nehmen ja immer mehr zu für die Kinder, weil es einfach so viel Zucker gibt und überall Zucker drin ist. Das ist sehr streng für das Gehirn, deshalb nehmt wirklich diesen Kokosblütenzucker überall. Dieser Zucker, den ihr nutzt, das macht die Menschen auch so schläfrig, so müde, weil ihr so viel Energie braucht, um die ganzen Stoffe des Zuckers wieder rauszubekommen. Dieser raffinierte Zucker, dieser Kristallzucker, dass das wirklich eure Zellen so verklebt. Deshalb achtet sehr darauf.

Mit der Lebendigkeit und dieser Schönheit, dass eure Körper leicht sind, so wie ihr auch gestern so gut tanzen konntet, eure Körper waren so leicht. Mit dieser Musik, mit diesen Trommeln, mit der Heilung der Weiblichkeit durch Aouyash. Eure Körper sind ja fast geschwebt, wegen dieser Heilung und dieser Kraft von dem Mutterbaum, die Kraft und die Lebendigkeit wieder herzustellen. Und diese Ausdehnung, wenn euer Gehirn wieder zeitlos wird, was für eine Ausdehnung, was für eine Lebendigkeit, wenn ihr nicht mehr an dieser Zeit hängt. Dass ihr wirklich rausgeht aus dieser Zeit, der Involvierung. Und ihr habt auch schon die Formel der Unsterblichkeit bekommen und all diese Dinge. Ihr habt diese Aminosäuren bekommen, damit euer Gehirn auch wieder ganz klar ausgerichtet ist auf diese Unbesiegbarkeit, unzerbrechlich in der Veredelung, nicht in der spirituellen Arroganz, sondern in dieser Klarheit, in dem Glanz der Freiheit, in dem Glanz der Veredelung. Nicht in dieser Struktur der spirituellen Arroganz und dieser Ebene und dieser Anspannung. Nein, diese Zeitlosigkeit in diesem wundervollen Körper, diese Veredelung in diesem wundervollen Körper. Durch diese Zeitvorstellung haben die Menschen diese Veredelung dieses Körpers so verloren, wenn sich der Körper an die Zeit anpassen muss. Das ist doch jetzt so wertvoll, denn Lemuria 0 ist doch pure Veredelung durch diese wundervollen Mutterbäume, durch diese Zedern, durch diese Kraft, euer Gehirn wieder zeitlos zu machen, euer Gehirn wieder in den Frieden zu bringen. Und dass ihr wirklich unbesiegbar seid. Denn dieser Planet ist viel zu schön und zu lebendig, um schon so früh wieder zu gehen. Dass ihr wirklich wieder diesen Frieden erfahrt und diesen Frieden immer stärker einladet. Und hier seid ihr doch so verbunden mit dem Frieden, zeitloser Frieden, so eine Zeitlosigkeit, die euch erreicht hier an diesem Ort Thuria. Zeitloser Frieden. Und das könnt ihr doch hier in euren Zellen so fühlen.

Die Veredelung des Körpers jenseits von Zeit leben

Wenn sich diese Körper so veredeln, dann ist es ja die Zeitlosigkeit. Veredelung ist jenseits der Zeit, und das ist doch jetzt so wertvoll. Dass sich doch die Menschen alle wieder freuen und gemeinsam singen und gemeinsam Nahrung aufnehmen, wirklich gemeinsam das Gute zelebrieren. Denn das ist auch dieses Unbesiegbare, das Gute zu leben und zu erfahren. Diese Kraft der Gesänge macht euch auch unbesiegbar. Ein Ton, ein Wort, eine Stimme in der Gemeinschaft, macht euch doch unbesiegbar. Und das haben sie auch sogar erlebt in dieser Ebene in der Türkei jetzt gerade, in dieser Mega-Massen-Schüttelaktion von der Erde. Wo sich die Familien zusammengesetzt haben und gesungen haben, sie sind nicht verschüttet, das Haus ist stehengeblieben durch die Schwingung der Familie von Gesängen, jeder hat getönt. Das ist Schwingung, das ist Unbesiegbarkeit, und egal in welcher Tonlage, E,

Dis, As, das Haus ist stehengeblieben, weil die Schwingung der Familie stärker war. Und genau das ist Bewusstsein. Wenn ihr wirklich wieder unbesiegbar werdet in euren Stimmen, euch nicht immer bewerten lasst, du singst aber schief und du singst aber hoch und du singst nicht auf C. Das ist so wichtig, dass ihr niemals in diese Bewertung geht, sondern dass wirklich diese Stimmen ertönen, denn dann ist es doch so eine Gemeinschaft, die gemeinsam tönt, die gemeinsam eine Kraft erfährt. Denn mit jedem Wort habt ihr die Hormonfrequenz, mit jedem Gedanken schüttet ihr Hormone aus, mit jeder Handlung schüttet ihr Hormone aus. Und das ist doch so wichtig, dass ihr wirklich diese friedvolle Frequenz in euren Gehirnen wieder erfahrt, diese friedvollen Hormone, diese friedvollen Botschaften von solchen Gesängen, egal, auf welchem Ast man singt. Denn das ist doch grenzenloses Bewusstsein, wenn Menschen zusammenkommen und ihre Stimme erheben und die Häuser bleiben stehen. Das Haus blieb stehen, weil sie gesungen haben, die Töne ihrer Schwingung waren stärker als diese Rüttelmaschine.

Und ihr habt alle diese Frequenz, diese Botschaft aus den Kristallstädten, diese Botschaft der Gesänge, diese Kraft live, direkt diese Musik, die wir euch geschenkt haben. Das ist doch so ein großes, wertvolles Manifest, wie sich das so im Körper verteilt, diese Klänge, wie sich diese Ebenen verteilen. Es ist so leicht zu bewerten, es ist so leicht, diese Abhängigkeit. Doch es ist so wichtig zu lieben auf diesem Planeten, euch zu lieben. Es ist so wichtig euch zu lieben, denn das ist ja auch diese Veredelung und diese Kreativität des Friedens. Wer friedvoll ist, ist kreativ. Das ist doch so wertvoll, wer friedvoll ist, ist kreativ und wer kreativ ist, ist wertvoll. Nur ohne Kreativität kann man Kriege erzeugen. Setze die Völker ohne Kreativität und sie machen alles mit. Entziehe den Völkern Kreativität und sie machen Kriege. Aber wenn die Völker wirklich stark und lebendig sind, wenn die Völker unzerbrechlich und unbesiegbar sind, dann machen sie keine Kriege.

Den äußeren Einfluss der Zerstörung der Zellen erkennen

Das ist genau dasselbe mit euren Zellen. Wenn ihr unbesiegbar seid in euren Körpern, dann kommt nicht irgendeine Zelle und sagt, lasst uns mal böse sein, ich bin jetzt bösartig. Sie ist entweder böse oder artig, aber bösartig, das hebt sich doch auf. Was machen sie für ein Spiel mit euren Diagnosen, bösartig. Überlegt einmal, was sie mit euch für Krankheiten machen, ihr seid jetzt bösartig, das geht doch gar nicht. Allein diese Diagnose, dieses Feld, entweder ihr seid böse oder artig, aber bösartig, das ist schon schwer zu verstehen für die Menschen. Bösartig, das hebt sich doch auf. Was ihr alles für Worte benutzt, die überhaupt keinen Sinn ergeben. Bösartig macht keinen Sinn, und damit macht man Millionen von Menschen abhängig, bringt sie in den Tod, bei so einer Aussage. Aber so sind diese Spiele, dass sie sich einfach so dessen bewusst sind, dass sich die Menschen aus dieser Panik heraus gar keine Frage stellen mit so was. Aber wenn ihr diese Kraft und diese Erfahrung macht, wirklich unzerstörbar zu sein, unzerbrechlich zu sein, unbesiegbar zu sein, dann kommt erst gar keine Zelle auf diese Idee, lass uns mal böse sein. Dann kommt gar keine Zelle auf die Idee, lass uns doch mal Viren einladen, lass uns doch mal Bakterien einladen, lass uns doch einmal eine Viren-Party machen. Das ist wichtig, das ist Unbesiegbarkeit, unzerbrechlich, unbesiegbar. Dass alle eure Zellen wirklich auf diese Unbesiegbarkeit gehen, denn die Menschen sind ja im Laufe dieses Kreativitätsverlustes so schwach geworden, auch durch diese Medien und diese ganzen Ebenen. Doch diese ganzen Ebenen von unzerbrechlich und unsterblich zu werden, und diese ganzen Strukturen, dass das alles wieder in das Bewusstsein kommt.

Denn das ist Lemuria 0, dass keine Viren-Party mehr passiert, dass keine Bakterien-Party mehr passiert, keine Pilz-Party, dass die Menschen wirklich frei sind von dieser ganzen Attraktion der Vergangenheit. Unbesiegbar sein. Und dafür brauchen sie keine Uhr, die Menschen, keine Uhrzeit, sondern wirklich die Ur-Mutter, den Ur-Vater, die Ur-Liebe, das ist doch viel wichtiger, diese Kraft, dieser Frieden, diese Schönheit. Und deshalb dieser Mutterbaum, pflanzt für den Frieden auf diesem Planeten überall Mutterbäume. Solche Ebenen, wie bösartig und so, das kann nur entstehen, wenn die Menschen so schwach sind, wenn die Menschen gar nicht darüber nachdenken, dass sich das ja auflöst, dass sich diese Frequenz nicht halten kann, bösartig. Was für Ebenen, deshalb wirklich in dieser Kraft, in dieser Unsterblichkeit, in dieser Unbesiegbarkeit sein, dass ihr euch trefft und singt und lebendig macht. Singen ist so wertvoll, diese Musik, dieser Ton, diese Leichtigkeit, diese Bewegung, all diese schönen Sachen. Dass ihr wirklich wieder euch respektvoll begegnet, diese Unbesiegbarkeit eines Volkes, diese Unbesiegbarkeit der Menschheit. Es waren so viele, viele von diesen Mutterbäumen, immer wieder auch für diese Spiegelung, sei präsent und ehre diese Mutter, ehre diesen Vater, ehre diesen Planeten, ehre diese Schönheit. Und bringt wirklich das Bewusstsein der wahren Zeder auch wieder zu euch, zu den Menschen, denn es ist eine der stärksten Heilpflanzen auch. Lasst euch wieder frei, dass diese ganze Schönheit, diese ganze Lebendigkeit, dieser Tanz, einfach diese Nahrung auch, dass ihr euch wirklich so erfüllt fühlt. So viele Menschen fühlen sich ja nicht erfüllt von dieser Nahrung. Sie stopfen und stopfen, und wenn sie dann noch überall alles schauen, sie stopfen einfach rein. Es geht ja nicht um das Stopfen, sondern um diese Veredelung auch bei der Nahrung.

Dann erfahrt diese Schönheit, diese Lebendigkeit, zeitlos zu sein. Es ist so schön, dass der Lemurianische Rat, Svakuraty, euch bei diesem Manifest von Lemuria 0 hier auf Thuria begleiten darf.

RAKANDRYLA aus dem Lemurianischen Rat der Drei Meister der klaren Lemurianischen Vision

Herzlich willkommen, Rakandryla ist da, der Meister der Lemurianischen Vision. Und das ist so wundervoll, dass ihr alle gekommen seid, dass ihr alle da seid, dass ihr euch alle hier respektvoll, würdevoll, begegnet auf dieser Kraft Thurias, diese wundervolle Lebendigkeit der Insel. Doch das ist immer das Gesetz der Anziehung, da wo Reichtum ist, ist auch immer Mangel. Das ist das Gesetz der Anziehung, deshalb müsst ihr ja raus aus dieser Ebene, dass ihr euch immer wieder zerstört durch den Mangel, und zerstören lasst. Doch diese Ebene, dass diese Mangelfrequenz die anderen immer wieder reicher macht, das haben sie so sehr stark eingefädelt auf dem Planeten. Und wenn ihr in diese Flagge schaut von diesen Kolonialherrschaften, der Indische Ozean hier ist immer noch besetzt von der ganzen Britischen Krone, der Indische Ozean hat immer noch ganz viele Inseln, Archipels, die immer noch unter der Krone der Britischen Kolonialherrschaft stehen. Und wisst ihr, was auf dieser Flagge steht? Der Indische Ozean, mit all seinen Inseln, besetzt von der Kolonialherrschaft der Briten, der britischen Krone, da steht auf dieser Flagge: In unserer Obhut ist Lemuria. Als Beweis, dass es existiert hat. Die britische Krone hat es in ihrer Herrschaftsflagge, weil sie genau wissen, dass das hier die Ausläufer sind von Lemuria, Madagaskar, im Indischen Ozean. Sie müssen es ja immer mitteilen, deshalb haben sie in ihrer Flagge diesen lateinischen Ausdruck, aber übersetzt heißt es „In unserer Obhut ist Lemuria."

Wappen des britischen Territoriums im Indischen Ozean.

Deshalb ein großer Beweis, dass das stattgefunden hat auf diesem Planeten. Was für eine große Ebene. Die britische Krone weiß Bescheid, diese Ebene „In unserer Obhut ist Lemuria". Das hätten sie gerne. Aber dass sie das für ihre Kolonialrechte schreiben, das ist auch eine Botschaft ihrer Kolonialrechte, dass sie Besitz über diese ganzen Inseln, über diese ganzen Frequenzen Lemurias haben, dass sie die eingenommen haben in ihrem Königreich. Deshalb ist es so wichtig, dass ihr frei werdet, dass ihr frei seid, dass ihr lebendig seid, dass ihr euch wieder füllt mit diesen Quellen des wahren Lemurias, mit euren megagenialen Kristallen, mit den Genen, all diese Frequenzen, dass ihr wirklich stark und unbesiegbar seid. Denn wenn sie das auf ihre Fahne schreiben, das Wappen ist wirklich mit sehr speziellen Symbolen, sehr bunt und auch von den Tieren manifestiert.

Sie dachten wirklich, sie sind unbesiegbar wie die Lemurianer, wenn sie das in ihrer Flagge stehen haben: „In unserer Obhut ist Lemuria." Unbesiegbar zu sein, diese Kriege, das, was euch die anderen Meister in der letzten Einheit gesagt haben mit Lemuria, diese Unbesiegbarkeit. Und das ist schon überall und kommt überall vor, Lemuria, dieser versunkene Planet, nur verschlüsselt. In euren Filmen kommt es oft vor. Dieser Film von 1973 „Sindbads gefährliche Abenteuer", der handelt nur von Lemuria. Das Lemuria-Amulett, was er findet, und dann wird er nach Lemuria gebeamt. Die Filmindustrie, Hollywood, sagt euch alles, das wisst ihr ja. Alles ist wieder da. Schaut mal diesen Film.

Kreativität und Fülle stehen immer in Verbindung

Es ist so wichtig, dass ihr in dieser Lebendigkeit und Kraft seid. Dass ihr wirklich diese Unbesiegbarkeit erfahrt in euch, dass der Körper mit der Gesundheit, euer Immunsystem mit allen Organen unbesiegbar wird. Dass euer Geist und eure Gedanken wirklich unbesiegbar werden, dass ihr nicht ständig in diese Kontrolle und diese Kontrolle geht und in die Schmerzlichkeit des Körpers, dass ihr einfach seid, präsent, unbesiegbar. Doch diese Ebene, dass die Menschheit immer noch in diese Fallen dieser Geschichte tappt, dieser Armut und dieser Mangel, was für eine Frequenz, dass der Krieg immer noch da ist in den Menschen, in dieser Zeit. Dass die Menschen sich wirklich wieder von dieser ganzen Ebene befreien und nur noch die Fülle und die Freiheit und die Lebendigkeit und die Gesundheit zulassen. Dass die Menschen sich wieder feiern und lebendig sind. Dass die Menschen wieder in dieser göttlichen Genialität Lemurias sind, in dieser Unbesiegbarkeit. Dass die Menschen sich wieder so entfalten können in ihrer Kreativität, in ihrer Schönheit, in diesem Bewusstsein der Kreativität. Nimmt man den Menschen die Kreativität, nimmt man ihnen die Fülle auf diesem Planeten der Kreativität.

Wir haben diese Kreativität wirklich gelebt und erfahren, mit dieser weiblichen Kreativität, mit dieser Schönheit, mit dieser Verbundenheit, und wirklich diese Visionen Lemurias, diese weibliche Kraft, dieser weibliche Segen, ein ganzes Volk in die Fülle, in die Freiheit, in die Kreativität manifestiert. Und das ist jetzt so wichtig, dass die Menschen sich jetzt wirklich wieder an ihrer Schöpfung erfreuen, an ihrer Vollkommenheit, an ihrer Schönheit, an diesem Körper, an diesem Menschsein, in dieser Kreativität, in dieser Vollkommenheit. Dass ihr euch wirklich ausdehnt. Es ist immer diese Resonanz: Wo Fülle ist, ist Mangel. Das hat man euch in die DNA gehämmert: Wo Fülle ist, ist Mangel. Die ganzen großen Firmen auf den anderen Inseln, die großen Modefirmen, die auch auf den Inseln produzieren lassen, alles dieser Mangel. Das ist immer die Struktur, die sie aufrecht halten. Aber es ist ja nicht die Realität, es ist ihre Realität, es ist eure Realität, aber ihr könnt doch wirklich eure Realität verändern, dass nicht immer „wo Fülle ist, Mangel ist". Und das ist ja die Wiege auch der Kreativität, Lemuria, diese Botschaft der Kreativität, diese Lebendigkeit der Kreativität, diese Fülle, wirklich diese weibliche Kreativität.

Ohne Bewertung kann Veränderung eintreffen

Doch die Königshäuser wollen einfach auch die Krone von England, die gerade so kreativ die Menschen auch einnimmt in ihrem Bann „in unserer Obhut ist Lemuria". Dass sie für sich diese ganzen Ebenen nutzen, diese Struktur, dass sie sich so offenbaren. Dass das den Menschen niemals offenbart werden darf, sondern nur „in unserer Obhut ist das untergegangene Lemuria". Dass die wirkliche Kreativität und Botschaft Lemurias wirklich alles unter Verschluss ist, dass das alles im Königshaus ist. Deshalb ist es so wichtig, dass ihr frei und lebendig seid und rauskommt aus der Affirmation des Mangels und der Nicht-Kreativität. Schaut euch euren Körper an mit den Pyramiden, eure Brüste, alles ist aufgebaut mit der Fibonacci-Spirale, das ist doch pure Kreativität, das ist doch Hammer-Kreativität, so ausgedrückt in euren Worten. Deshalb ist es so wichtig, dass ihr frei und lebendig seid, und euch nicht mehr so kreativ in den Mangel bringen lasst, und die ganzen Vorwürfe, urteilsfrei, bewertungsfrei. Bewertungsfrei macht involvierungsfrei. Und das ist doch die Lemuria-Frequenz, diese Lebendigkeit, dieser Frieden, diese Vollkommenheit, Lemuria 0 auf diesem Planeten wieder zu aktivieren mit der ganzen Schönheit, Kreativität und Erleuchtung, mit dieser ganzen Erfahrung des Guten. Und ihr seht ja, hier gibt es keine Sofas für die Menschen, die hier sind, nur für euch. Sie haben einfach ihren

Boden, sie haben die Sonne, aber es gibt keine Sofas, um darauf sitzenzubleiben. Es gibt nur diese Frequenzen des Miteinanders und dieses Bodens. Das ist so wichtig, dass die Menschen in dieser Kreativität und diesem Glücklichsein sind, denn sie sind einfach da und sind glücklich von dem, was sie haben. Sie selbst bewerten das gar nicht. Das ist auch diese Ebene, keine Bewertung, denn nur dann kann es sich verändern.

Keine Bewertung reingeben, denn ihr seht, wie glücklich die Menschen, die Kinder, waren gestern am Sunset, jenseits von Hautfarbe und Kleidung, jenseits von Nahrung, einfach Musik, einfach Kreativität. Wenn ihr so viel manifestiert und in das Urteilen geht, dann kann ja nichts entstehen, sondern aus der Freundschaft, aus der Begegnung, aus der Veränderung des Friedens und der Lebendigkeit und der Kreativität kann das Miteinander entstehen. Aus der Hoffnung die Fülle, all diese Dinge können doch aus dem Miteinander entstehen, aus dieser Kraft ohne Bewertung, so wie ihr es an diesem Sonnenuntergang mit den Menschen leibhaftig erfahren habt. (Anmerkung: An einem Aussichtspunkt haben alle Besucher mit den Seminarteilnehmern getanzt und gesungen.) Das ist doch die große Kunst, aus dem Miteinander heraus die Dinge zu erleben und zu gestalten. Man kann jetzt nicht einfach kommen und den Menschen hier ein Sofa kaufen, sie wissen ja gar nicht was sie damit machen sollen. Wahrscheinlich würden sie es für Feuerholz benutzen, damit sie es warm haben. Das geht nicht, das muss wirklich aus dem Miteinander kommen, aus der Schöpferkraft, aus dieser Schöpferfrequenz, aus eurer Kreativität. Aus der Kreativität der Menschen und der Schöpferkraft muss doch das Miteinander entstehen. Und das ist doch so wichtig. Lemuria, diese Kreativität, diese Wiege der Kreativität, wirklich lebendiges Vertrauen, diese Lebendigkeit und diese Hoffnung und diese Erfahrung, Mensch zu sein, Fleisch und Blut zu sein, Spiritualität zu sein. Diese Liebe, diese Hoffnung in den Kindern, diese Hoffnung in den Augen, dieses Vertrauen, dieses Spüren von Ehrlichkeit, von Geborgenheit, das verändert doch. Diese Freundlichkeit und das Singen geht doch auf die Menschen über, das überträgt sich doch.

Und darum geht es doch, dass sich die Menschen wieder fühlen und offenbaren, dass wirklich die Gemeinschaft die Stärke ist. Die Stärke ist das Volk. Dass die Gemeinschaft wieder da ist, eine Erde, eine Vision, ein Volk, auf diesem Planeten. So unterschiedlich und trotzdem so verbunden. Deshalb, wie die anderen Meister auch schon sagten aus Lemuria, wenn man das Volk mit seinem Boden stärken würde, wäre jedes Volk in Gold. Hier gibt es so viel Gold, die Kinder arbeiten in Goldminen. Hier gibt es so viel Gold und so viele Ebenen, die alle dem Volk nicht dienen und die es nicht dem Volk geben, die nicht mit dem Volk Reichtum erfahren wollen. Aber das ist ja überall. Würde man wirklich alle Bodenschätze mit dem Volk teilen, würde jedes Volk in Gold baden können. Nicht, dass wir sagen, ihr müsst die Bodenschätze rausreißen, nein, aber von der Fülle. Dass die ganzen Chinesen zum Beispiel alle Zuckerrohr-Plantagen gekauft haben, alle Rum-Plantagen, alle Tabak-Plantagen gehören China. Wie kann dann Fülle entstehen für so ein Volk? Deshalb, es muss aus dem Miteinander heraus, aus dieser Schönheit, aus dieser Lebendigkeit heraus entstehen, aus dieser Freiheit, aus dieser Begegnung. Aus diesem Grund nutzt die ganze Entwicklungshilfe nichts, dass die Leute da einbrechen und einbrechen. Es ist ein System, und die sagen: „So wird es gemacht." Das können die Menschen, das Volk, doch gar nicht verstehen. Diese ganze Entwicklungshilfe ist einfach nur Beruhigung.

Die Lemurianische Vision

Diese Lemurianische Vision, wirklich diese Kreativität, diese Freiheit, diese Freundschaft, diese Freude, das Leben so mitzuteilen, die Natur mitzuteilen, die wundervollen Tiere, alle diese Botschaften, dass alles in Harmonie, in Lebendigkeit und Schönheit ist, dass alles in dieser Freiheit ist. Dass die Menschen wirklich zusammenkommen und gemeinsam diese Erfahrungen machen. Doch wenn jedes Land wirklich mit den ganzen Bodenschätzen, mit der ganzen Fülle an Saaten allein, dass das Volk und der Boden zusammengehören, dann wäre kein Land und kein Volk in Armut auf diesem gesamten Planeten. Und da müssen wir doch mit euch wieder hin, mit der Lemurianischen Vision, mit der Kraft und mit der Kreativität. Denn Musik ist Kreativität, alle körperlichen Frequenzen, wie Sport und diese Ebenen, diese Künste des Körpers auszurichten, alles ist Kreativität. Die Kunst des Körpers, diese Künste der Musik und des Tanzes, all das ist Kreativität, die die Menschen in Europa auch so vergessen haben. Nur noch auf Leistung, Leistung, auf Medaille, aber es geht doch um die Kunst von Tanz und Lebendigkeit, von Berührung, von Berührbarkeit. Der Körper ist doch so eine pure Kreativität. Die Berührbarkeit ist doch so wichtig, dass die Menschen wirklich wieder aus der Einsamkeit rauskommen. Mangel erzeugt immer Einsamkeit.

Und schaut, sie haben in ihrem Kronen-Wappen, in ihrer Botschaft, für alle Kolonialzeiten dieser Inseln diese Ebene „Lemuria ist in unserer Obhut". Diese Krone, die darauf wirklich eine Information hat und das für sich nutzt und die ganzen Menschen in dieser Drehung hat, durch dieses Wappen. Sie drehen das dann immer, wie Lemuria nicht ist. Deshalb muss man sie auch erinnern, dieses Königshaus, an die Kreativität Lemurias, wenn sie schon schreiben, dass sie Lemuria in ihrer Obhut haben. Das steht auf jeder Fahne der Inseln des Indischen Ozeans, das ist hier keine Fake-News. Das könnt ihr auf jeder Fahne lesen der besetzten Länder, die Inseln. Das ist in jeder Flagge mit eingebaut, dieser Satz, und es sind viele Kolonialinseln, Kolonialmächte, die sie noch im Indischen Ozean haben. Deshalb muss man sie mit der NGO immer daran erinnern. Es ist doch so wichtig, wenn ihr schon dieses große Wissen habt darüber und schon in so viele Ebenen eingeweiht seid und auch noch eingeweiht werdet, in die ganzen Lemurianischen Ebenen und Zeitlinien, was sich noch alles manifestiert. Das ist doch so wertvoll, dass ihr hier seid, dass ihr auf diesem Manifest von Lemuria seid, dass ihr wirklich diese Kreativität auch in euch wieder erfahren könnt.

Niemand muss leiden für die Fülle des anderen, das ist Lemuria

Und das ist auch diese Ebene von Lemuria, keine Abhängigkeit mehr. Und schaut, sie sind nicht abhängig, wenn das Licht aus ist, dann ist es aus. Keine Abhängigkeit von Strom, dann verändert man einfach das Leben, wenn es dunkel ist, dann ist es dunkel in den Häusern. Das ist einfach nur diese Geschichte, dass Reichtum Strom ist oder sonst irgendetwas. Und die anderen Menschen bekommen schon Panik, wenn hier drei Stunden nichts aus der Steckdose kommt. (Anmerkung: Täglich ist für einen bestimmten Zeitraum der Strom am Nachmittag ausgestellt.) Es ist einfach diese Ebene, dass man sich in der Kreativität befindet, und diese Weite und Erfahrung von Lebendigkeit, von Gemeinschaft. Es ist diese Angst, zu kurz zu kommen, diese Angst, nicht genug zu bekommen, diese Angst, nicht genug zu haben. Das haben die Menschen hier nicht, denn sie wissen einfach, das ist da und das ist nicht da. Und auch zu sehen, in den Köpfen der Menschen ist nicht so diese Bewertung, diese Brutalität der Bewertung. Denn wo Fülle ist, ist Mangel. Das ist in diesem System noch so aufgebaut auf diesem Planeten. Doch in diesen kreativen Ebenen von Lemuria, von Lemuria 0, ist es einfach Fülle, kein Mangel mehr, denn niemand muss leiden für die Fülle eines anderen. Und diese Kreativität ist ein großer Prozess, dass alle wieder glücklich sind, dass alle Menschen sich wieder freuen und erfahren und aus dem Miteinander die Geschichte neu schreiben. Aus der Kreativität des Miteinanders wirklich diese Zukunft schreiben, denn sonst ist es wieder aus dieser Bewertung heraus, aus dieser Visionslosigkeit heraus. Deshalb diese Kreativität, diese Leichtigkeit, diese Visionen und dieser Kontakt.

Wie Berührung verändert und lebendig macht, dieser Kontakt, diese Freude und diese Kreativität. Denn es ist so wichtig, dass die Menschen sich wieder lebendig erfahren und sich ausdehnen. Und sie haben Lemuria unter ihre Krone manifestiert, und das sind einfach sehr wichtige Ebenen, denn das bedeutet ja wirklich wiederum auch in dieser Realität, es hat auf diesem Planeten stattgefunden.

Das sind doch so wichtige Botschaften für euch, dass ihr erfahrt, was Lemuria wirklich immer noch ist, denn es wird ja damit auch noch immer auf irgendeiner Zeitlinie aktiv gehalten auf diesem Planeten, in irgendeiner Form. Es ist doch so, dass die Briten hier auch skrupellos eingefallen sind, und zwei Jahre haben sie dann in Madagaskar gegen die Franzosen gekämpft, um diese Power von diesem Land. Zuerst war es auch die Britische Krone, die dieses Land und diese Inseln erobert hat, dann war es die französische Krone, und dann waren Deutschland und Österreich auch hier und wollten hier Fuß fassen. Deshalb war hier viel los und viele wollten auf diesen Ahnen und Ebenen von Lemuria mitspielen und diese Inselgruppen immer wieder erobern. Diese Schönheit, dieser Glanz, diese Frequenzen der Kristalle, diese Kuppeln, all diese wunderschönen Botschaften, die überall auf diesem Planeten verankert waren mit diesem Kontinent Lemuria. Und sie erzählen heute immer noch ihren Kindern, dass diese Inseln viel größer waren, dass das ein weites, grenzenloses Land war. Sogar auf den Seychellen, überall, erzählen sie ihren Kindern immer noch, was das für ein großer Kontinent war. Deshalb, das hat hier alles stattgefunden und jeder wollte natürlich mit der Krone und den ganzen Kriegen teilhaben an den ganzen Schätzen, an dieser Vergangenheit. Die Herrscher der Zeit, der Papst und der Vatikan, die dann auch noch eingefallen sind mit ihren ganzen Missionaren, jedoch haben die Religionen hier nicht so viel zerstören können, das sieht man ja, denn es gibt wenig Kapellen und Madonnen-Statuen hier, weil die Kraft dieser Vergangenheit stärker war und ist. Die Kraft ist stärker, immer noch.

Fülle ist Gemeinschaft

Und deshalb ist es auch so wertvoll und so schön, wenn die Menschen aus dieser Kreativität, aus dieser Vollkommenheit, aus dieser Schönheit zusammenkommen, wenn die Menschen sich wieder offenbaren in diesem Glanz der Musik, der Kreativität, in der Offenbarung. Da steckt so viel Offenbarung in dieser Musik drin, in diesen Künsten, in dieser ganzen Kraft des Körpers. Und das macht die Menschen so glücklich auch, diese

Offenbarung des Guten, diese Offenbarung der Gemeinschaft. Das seht ihr ja, wenn der Strom aus ist, dann ist er aus, dann kommt Gemeinschaft. Dann muss nicht jeder allein sitzen vor seiner Single-Spülmaschine und warten bis sie fertig ist. Das ist so wichtig, dass ihr auch mit der Fülle absolut achtsam seid, dass diese Fülle euch in diesen ganzen Häusern nicht so einsam macht, die ihr überall mitbringt. Und ihr wartet und wartet auf die Waschmaschine, bis die fertig ist, auf die Spülmaschine. Da müsst ihr wirklich achtsam sein, dass euch die Fülle nicht so einsam macht in diesem Trend, dass alles viel schneller geht. Natürlich, mit Strom geht alles viel leichter und schneller, doch dass ihr achtsam seid, dass die Fülle die Menschen nicht wieder in die Einsamkeit bringt. Fülle ist Gemeinschaft, dass man in der Kreativität ist, dass man in der Weite, in der Schönheit, in der Lebendigkeit ist, raus aus der Einsamkeit, dass die Gemeinschaft auch immer erfahrbar ist.

Doch es geht hier nicht um diese Bewertung und um diese Involvierung, sondern wirklich aus der Lebendigkeit, aus der Freude, aus der Freundschaft das Neue zu säen. Dass die Menschen wieder in dieser Fröhlichkeit und dem Lachen zusammen sind, denn Kinder müssen immer lachen. Und das ist so wertvoll und wichtig, wenn Kinder diese Weite erfahren, raus aus dieser Begrenzung. Diese Stimmung wirkt, diese Kreativität, diese Erfahrung von dieser Kreativität, dann muss das Böse weichen. Wenn die Menschen in dieser Urteilsfreiheit sind, dann hat das Böse und diese Ebene doch gar keine Chance. Und das ist sehr spürbar in Europa mittlerweile, dass das Böse einfach nicht mehr so eine Chance hat. Doch das hängt auch von den Menschen ab, von dieser Ebene. Wenn man sich ständig eine Besetzung lösen muss, dann ist man auch nicht mehr klar. Das ist auch wieder nur eine Abgabe von Verantwortung und von Kreativität. So wichtig, dass man auch von dieser Eroberung herunterkommt, denn das ist auch immer die Bewertung und diese Struktur. Sie hatten durch diese Impfung eine komplette Genmanipulation vorgenommen, eine Besetzung in einem höchsten Grad auch auf Gen-Ebene, in eurem System, nicht mal eben energetisch. Das haben sie vorgenommen, forever. Bis auf euch, ihr könnt es rückgängig machen. Sonst kann das Niemand rückgängig machen. Das, was da draußen passiert ist, das ist das Böse, dass man gentechnisch eure gesamte DNA mit dieser Spritze verändert hat. Und das ist wichtig, dass ihr da wirkt, denn ihr habt diese Gruppe von der Oronos Familie, die Oronos Familie hat wirklich den Schlüssel. Das ist so wichtig, dass ihr das wirklich wahrnehmt. Und so eine Wahrnehmung kann sehr brutal sein, weil es auch immer wieder in die Verurteilung, in die Abhängigkeit geht. Deshalb machen auch so viele spirituelle Meister die Menschen abhängig von sich selbst, die gar nicht einmal wissen, ob sie Meister oder spirituelle Meister sind. Das gehört einfach zu ihrem Spiel dazu, zu dem Spiel der Spiritualität, weil sie dann so viele Menschen abhängig machen von sich selbst. Das ist immer wieder diese Reise von Wahrnehmung. Das habt ihr ja die letzten drei Jahre auch gesehen, dass sie alle mitspielen bei diesem bösen Spiel, die Meister, die sich Meister nennen. Alle Mitspieler des Bösen. Das ist so, dass die Menschen doch hoffentlich diese Augen geöffnet bekommen. Das ist wirklich eine Genmanipulation von einem sehr krassen Ausmaß.

Der komplette Bauplan der Zelle wurde durch die Vaccination übernommen

Natürlich, wir hatten auch Gen-Basen und diese ganzen Dinge, aber für das Gute und nicht für die Manipulation. Natürlich hatte dieser große Kontinent auch diese Gen-Labore und diese Dinge, aber für das Gute, niemals für diese Penetranz der Macht, niemals für diese Macht-Energie, niemals für diese Zerstörung, sondern immer in dieser göttlichen Kreativität, immer in diesem göttlichen Plan. Deshalb ist es so wertvoll und wichtig, dass ihr diese Lemurianische Frequenz wirklich tragt und in euch habt mit diesen wundervollen Kristallen und mit dieser ganzen Botschaft. Doch dass diese Menschen sich so leicht ihren göttlichen Zell-Plan zerstören lassen, denn der Zell-Plan ist zerstört mit dieser Vaccination, mit diesem Manifest. Deshalb gibt es dann im Körper so viel Chaos, und deshalb müssen wir immer noch darüber sprechen, auch wenn es euch nervt. Denn diese Ebene ist ja immer noch nicht zu Ende, dieses Wirken. Was passiert mit den Menschen, wenn jetzt wirklich dieser Zell-Plan übernommen wurde. Es ist noch in dieser Frequenz, der Bauplan der Zelle wurde übernommen, mit den Mitochondrien, mit allem. Wir müssen darüber sprechen, denn es ist einfach ein Experiment, was nicht gut ist für die Menschen. Der komplette Bauplan der Zelle wurde übernommen von diesen Wesen, mit allem. Deshalb müssen wir darüber sprechen, denn es ist einfach eine tickende Zeitbombe in diesen Körpern.

Das ist so ein großer Eingriff, warum jetzt auch so viele Kinder nicht mehr geboren werden, die Totgeburten, weil dieser Bauplan nicht mehr da ist in der DNA, von denen, die diese Spritze bekommen haben. Deshalb gibt es so viele Totgeburten und Missbildungen in den Kindern. Diese Erbinformation, diese DNA-Zellinformation ist nicht mehr da für die, die diese Vaccination bekommen haben. Und das macht es so mächtig. Deshalb haben sie all diese Information propagiert und sich über die anderen lustig gemacht, denn wenn man es lustig darstellt, dann wird man nicht mehr ernst genommen. Es ist so mächtig, diese Geschichte. Das Böse ist wirklich so viel präsent gewesen für diese Menschen, deshalb ist es so wichtig, alle Einweihungen zu nutzen, die ihr habt von dieser Präsenz der Formeln, und diese Frequenzen wirklich wieder rauszuziehen, denn es ist alles Information.

Und diese Menschen, die das so oft noch belächeln, weil sie sich gar nicht mehr spüren können, dadurch, dass die Zellinformation verändert ist. Deshalb belächeln sie auch eure Techniken und die Wunder, die ihr bewirken könnt, weil sie gar nicht in dem Feld sind das zu spüren, weil sie diese Zellinformation im Moment gar nicht mehr haben. Doch wirklich abgeschnitten zu sein und die komplette Erbinformation zu löschen, das ist wirklich schon sehr, sehr mächtig für die Menschheit und für den Planeten. Aber sie wollten ja alle haben und sie haben euch nicht bekommen und sehr, sehr viele nicht bekommen. Deshalb, ihr seid die Zukunft des Lebens. Diese Kraft, die Vision Lemurias, wirklich diese Kreativität, diese Schönheit des Lebens, diese Gesundheit des Lebens, diese Achtsamkeit mit der Fülle, mit der Weite und mit dem Leben, die Achtsamkeit mit dem Körper, das ist so wichtig. Wie schnell die Menschen sich anstellen, um ihre gesamte Körperinformation für ein Würstchen freizugeben. Deshalb ist es doch jetzt so wichtig, dass die Menschen sich wieder begegnen und stärken, Bewahrer der Schöpfung zu sein, wie euch Oronos das über tausendmal gesagt hat: „Ihr seid die Bewahrer der Schöpfung." Jetzt könnt ihr das immer mehr verstehen. Das ist ja nicht mal so, wie ihr das macht mit dem Lichtkörperprozess, sondern so eine Spritze setzt die Erbfolge komplett auf Null. Nicht diese Heilung durch den Lichtkörperprozess, nein, einfach komplett auf Stillstand. Deshalb, ihr Bewahrer der Schöpfung, ihr Bewahrer des Guten, dass ihr wirklich in dieser Schöpferkraft seid, dass ihr Lebendigkeit seid, in dieser Genialität, dass ihr wirklich die Zellinformationen noch habt von den Mitochondrien, von allem. Und dass ihr nicht aufgefressen wurdet, in diesen drei Jahren.

Das sind alles diese Verträge, wie mit dieser atomaren Energie. Keiner weiß, wie das auszustellen ist. Genau dasselbe mit der Impfung, keiner weiß, wie sie wieder abzustellen ist, außer ihr. Keiner weiß, wie die Brennstäbe abzustellen sind, damit sich die Wesen alle von dieser atomaren Energie ernähren können. Und genauso ist das mit dieser Spritze. Man gibt euch eine Spritze und keiner weiß, wie das wieder abzustellen ist, von den menschlichen Wesen. Außer ihr, ihr wisst es ja. Deshalb, das, was ihr in euren Händen tragt, ist größer als groß. Auch mit dieser ganzen Lemurianischen Kraft, mit dieser Erfahrung der Kristalle, mit euren Lemurianischen Mantren, mit all diesen Ebenen.

Das Lemurianische Schutzmantra, für euch gegeben

Was für ein großes, großes Schutzmantra das auch ist, euer Lemurianisches Mantra*. Oh, da ist ein „H" zu viel, das gefällt mir aber gar nicht ... Menschen, was ihr in euren Händen habt, das ist so groß, das ist so unglaublich, was das für einen Schutz für euch macht. Hört auf mit dieser ganzen Bewertung, „das mag ich aber gar nicht", „kann ich das noch verändern?" Bitte hört auf damit, ihr habt so etwas ganz Großes in euren Händen mit diesen wundervollen Kristallen und mit diesem Schutzmantra. Es ist ein Schutzmantra Lemurias, für euch gegeben. Bitte wirklich nicht immer in dieser Präsenz sein „das gefällt mir nicht", „oh, da könnte noch ein ‚A' davor sein". Lasst es einfach, es ist so groß, was ihr habt. Es ist ja immer diese Spiegelung, es muss immer noch etwas Größeres, es muss immer noch etwas Stärkeres sein, aber ihr habt alles. Ihr habt damit wirklich ein Mantra bekommen, was euch ist, was für euch gegeben wurde. Das ist so wichtig, dass ihr dieses Große auch so in Empfang nehmt und annehmt, und nicht noch ständig verändern wollt aus irgendwas heraus. Dass ihr wirklich frei seid, dass ihr in dieser Freiheit, in dieser Schönheit, in dieser Freundschaft seid, in diesem Miteinander. Dass ihr wirklich aus dieser Anspannung und Rivalität rauskommt, denn Rivalität ist tödlich. Rivalen erschaffen keinen Frieden.

Und ihr habt alle diese Möglichkeiten, die Menschen wieder aus diesem Zelltod zu bringen. Und da braucht es keine Rivalität, da braucht es nichts außer Liebe und Gemeinschaft, diese Unbesiegbarkeit der Oronos Familie, diese Unbesiegbarkeit der Gemeinschaft, diese Unbesiegbarkeit eines Volkes. Und das ist so wertvoll, das ist so wichtig, dafür ist Rakandryla heute gekommen, um wirklich diese Unbesiegbarkeit, diese Vision und Kraft Lemurias mit euch zu erfahren. Dass ihr diese Kraft, dass ihr diese Erfahrung macht, absolut aus dem Rivalinnen-Dasein dieses Rivalen-Manifest wirklich aufzulösen. Natürlich ist diese Ebene in dieser Zeit für euch so schwierig, wenn ihr wirklich unsterblich und in dieser Unbesiegbarkeit seid. Doch es lohnt sich, diese Unbesiegbarkeit, es lohnt sich, raus aus dieser Rivalinnen- und Rivalen-Energie, denn es bringt ja nichts. Es ist immer wieder einfach nur ein Durchlaufen der Hormone, der Durchlauferhitzer der Hormone, absolut. Deshalb ist es so wichtig, dass ihr frei und lebendig seid, dass ihr euch wirklich stärkt und in dieser Kraft seid, in diesem Manifest der Liebe seid, in der Offenbarung seid. Dass ihr einfach die kraftvollen Menschen seid

* für alle Trainer in die Einweihung der 3 Lemurianischen Kristalle. Informationen: kamasha-akademie.com

mit einer Vision, die Botschafter Lemurias mit euren Genen, mit euren genialen Kristallen zu sein, die immer noch verbunden sind mit diesem Hauptkristall von Lemuria. All diese schönen Ebenen dieser Gangesquelle, diese Quelle Lemurias, dass ihr das alles erfahrt und schafft, wirklich aus dieser Anspannung und Einsamkeit und dieser Rivalen-Ebene rauszukommen, die nur hormonell ist. Dass ihr aus dieser Struktur rauskommt, denn das führt ja alles immer wieder zu diesen Kriegen im Außen. Deshalb ist es so wertvoll, dass ihr in dieser Freiheit seid. Denn wenn diese Zellebene auf Tod gestellt wird, auf ihre Frequenz, dann werden sie auch alle gesteuert. Und ihr seid ja nicht mehr ferngesteuert, allein schon durch eure Scheibenfreiheit und all diese Dinge. Manchmal nur noch ein bisschen durch die Hormone.

Hüter und Bewahrer der göttlichen Ordnung sein

Deshalb auch immer wieder diese Botschaft, die zu euch kam, diese Hüter und Bewahrer der göttlichen Ordnung zu sein, dieser göttlichen Gesundheit. Denn wenn so viele Zellen aus der göttlichen Ordnung kommen, was das für das ganze Bewusstsein, für den Körper, bedeutet. Aber diese Spiele, gerade auch in dieser Spiritualität, in diesem Rivalen-Dasein, in dieser Frequenz „ich sehe was, was du nicht siehst", das ist so wichtig, das in diese Gemeinschaft, Lebendigkeit und Heilungsform zu bringen. Dass diese ganzen Ebenen und Spiele gar nicht mehr gebraucht werden, sondern dass ihr wirklich in diesen hohen Schwingungen, in dieser hohen Frequenz seid, in dieser Göttlichkeit ohne diese Abhängigkeiten und Beurteilungen. Wirklich, ihr habt den Schlüssel des Lebens, auch mit diesen Botschaften Lemurias, mit den Kristallen und DNAs, mit den Aktionen, die ihr setzen könnt von den Kristallstädten Lemurias, ihr habt den Schlüssel. Es ist so wichtig, dass ihr euch das immer wieder bewusst macht, ihr habt den Schlüssel dazu, um wieder diese DNA zu knacken, um die Todesfrequenz, die feindliche Übernahme zu zerstören. Und das muss euch wirklich immer wieder bewusst sein, dass ihr diese Power habt, dieses Bewusstsein und diese Schönheit. Und ihr habt wirklich eine Oronos Familie. Und diese Ebene, dass ihr wirklich stark und unbesiegbar werdet in dieser Oronos Familie, denn ihr seid ja kein Experiment mehr, wie wir gehört haben.

Das ist so wichtig, diese Ebene, dass ihr rausgeht aus dieser Abhängigkeit und Verurteilung und Beurteilung, aus dieser Anspannung auch, das macht die Menschen wieder so angreifbar und involvierbar. Denn wenn ein Krieger in den Kampf zieht und ist involviert, dann hat er schon verloren. Und das wollen sie ja immer wieder, dass man euch involviert, dass ihr immer verliert. Dass ihr die Fülle verliert, das Geld verliert, den Partner verliert, dass ihr immer wieder in diese Verlustfrequenz geht, dass sich immer wieder durch die Involvierung und die ständige Vernebelung Verlust offenbart. Das sind immer wieder diese Ebenen, dass sie immer wieder diese Abhängigkeiten und Urteile setzen, wie der Körper zu sein hat, wie dieses und das zu sein hat, und dass die Bewertungen und Urteile die Menschen so stark eingenommen haben in diesen Jahren. Wenn diese Ebenen der Urteilsfreiheit und so wiederkommen, dann muss sich niemand mehr zur Verfügung stellen. Dann muss sich kein Organ mehr zur Verfügung stellen, um bewertet zu werden im Außen.

Die Farben der Augen und so müssen verändert werden, das kann man mittlerweile alles machen. Selbst die Augenfarbe kann man sich ändern lassen durch umspritzen. Was ist da schon alles aus dieser Ordnung gefallen? Deshalb, wenn diese Urteile, Bewertungen und Abhängigkeiten aufhören, dann ist es so eine wundervolle Frequenz, mit allen Ebenen der Verjüngung, mit den Bausteinen des Lebens, den Aminosäuren, der Übertragung der Botenstoffe, ihr habt alles, alles ist da. Ihr habt das Wissen über die Telomere, über die Telomerase, alles ist da. Ihr habt das Wissen der Unsterblichkeit und der Verjüngung, alles ist da. Ihr habt diese Formeln für die Hunger- und Sattgeschichte. Es ist eine große Bewertung, der Hunger und diese Frequenz des Essens und Nicht-Essens. Aber wie auch schon die anderen Meister gesagt haben, das, was ihr mitgebt dem Darm, mit den klebrigen Händen und äußeren Gegebenheiten, diese ganze äußere Frequenz von Nahrung und Bewertung, die Gedanken in Verbindung mit der Nahrung und all diese Dinge, das ist so wichtig, dass ihr da frei seid, und dann kann es auch gut wirken. Es ist immer nur die Essenz, es ist nur diese Struktur, es ist Energie. Durch diesen Kampf zwischen Hunger und Satt sein ist der Körper auch immer wieder in einem sehr großen Kampf, und mit der Beurteilung noch viel mehr. Deshalb nutzt diese Formeln mehr, denn dann könnt ihr wirklich sehen, warum Fettzellen da sind. Sie sind aus dem Kampf heraus da, denn Fettzellen sind Kampfzellen, ganz klar. Es findet alles in euren Gedanken statt, alles, die Fettzellen. Das ist nur der Krieg in euren Gedanken, die Fettzellen.

(Anmerkung: Es wird ein Lied mit den Namen zum Ausgleich der Hormone für die Sättigung und den Hunger gesungen / Grehlin und Leptin.) Würde man diese Lieder, gerade mit den Hormonen und Aminosäuren auch, in den ganzen Kliniken spielen, wo die Mädchen und Jungen sitzen mit ihrem verschütteten Programm von der Ernährung, mit dem Abnehmen und Zunehmen und den ganzen Psychosen, das wäre doch wirklich mal etwas Großes. Wenn in den Kliniken, wo die Mädchen abnehmen und wieder zunehmen müssen, von vornherein die Menschen die Aminosäuren und diese Klänge bekommen würden, dann würde sich das alles viel schneller wieder ordnen. Gerade diese beiden Hormone für das Hunger- und Sattgefühl, was durch diese Magersucht und diesen ganzen Ebenen so außer Kraft gesetzt wird. Dass die Menschen dort, wenn sie in solch eine Klinik kommen, diese Hormone Tag und Nacht im Ohr haben müssten. Aber das wird alles kommen. Das ist so wichtig, dass diesen ganzen Jungen und Mädchen auch wieder geholfen wird, in ihrer Sucht, in der Magersucht, Fettsucht und was sich alles im Körper so abspielt. Die ganze göttliche Ordnung ist aus dieser Struktur gefallen in den Zellen.

Raus aus dem Krieg auf allen Ebenen

Deshalb ist es so wichtig und wertvoll, dass die Menschen sich wieder lieben und achtsam auf sich aufpassen, dass diese Einsamkeit geht, dass dieses Rivalen-Bewusstsein, dieses Rivalinnen-Bewusstsein geht, denn das macht immer nur Krieg. Natürlich auch die ganze Ebene des Unausgesprochenen in den Familien, alles, was ein Körper dann so aufnimmt, auch mit den Zellen. Da spielen so viele Faktoren eine Rolle für diese Ebenen der Fettzellen. Doch nutzt die Frequenzen und Hilfen viel, viel mehr, um wirklich frei zu werden von der Ebene des Krieges zwischen den beiden Hormonen. Und seid wirklich in dieser Schönheit, in diesem Frieden, diese Lemurianische Vision von Rakandryla, wirklich auch diese Freude am Leben, diese Kreativität, und dass ihr nicht mehr in diesem Urteilen seid. Denn mit diesem Urteilen seid ihr immer in dieser Starre, nichts kann sich verändern. Wenn ihr urteilsfrei seid, kann sich alles verändern, aber mit dem Urteilen bleibt ihr immer in dieser Bewegung Urteil, nichts kann sich verändern. Deshalb ist es so wichtig, dass ihr wirklich aus diesem Urteilen und Bewerten rauskommt und in die Liebe geht, in diese Schönheit, in diese Abhängigkeitsfreiheit. Es ist doch um so vieles wertvoller jetzt auch, wo ihr noch einmal ein größeres Wissen habt um diesen Nektar, unbesiegbar zu sein. Und eine Bratwurst macht die Menschen besiegbar. Was ist das für eine Ebene, was die Menschen wirklich für eine Mutlosigkeit haben, weil man den Menschen die Kreativität nimmt, und dann werden sie abhängig.

Deshalb ist es so wertvoll und wichtig, dass ihr in dieser Kreativität seid, dass ihr wirklich wieder singt, musiziert, spielt, ein Instrument lernt, eine Körperkunst erfahrt, und dass ihr euren Zellen wieder Lebendigkeit spiegelt, dass euch diese Lebendigkeit in die Unbesiegbarkeit bringt. Es ist wirklich diese Frequenz für den Aufstieg, nicht für den Untergang, für diese unbesiegbare Veredelung des Menschseins, dieses Körpers. Die unbesiegbare Veredelung ist das, was die Menschheit wirklich jetzt wieder braucht, diese Kreativität, diese Freiheit, diese unbesiegbare Gesundheit, diese unbesiegbare Freundschaft in der Oronos Familie, die unbesiegbare Freundschaft in dieser großen Ebene des Miteinanders. Deshalb nutzt diese Ebenen, 36-mal Kauen, die Freundschaft mit eurem Körper, die Freundschaft mit euren Zellen, die Freundschaft mit der Kaumuskulatur. Und sprecht absolut in diesem Miteinander, in dieser Freude des Miteinanders, und fühlt wirklich, was ihr sprecht, was ihr sagt. Das ist wichtig, dass diese Oronos Familie wirklich auch unbesiegbar wird. Ihr schluckt alles runter, mit jedem Bissen von dem 36-mal Kauen, mit dem, was übrigbleibt, damit nehmt ihr diesen Kontakt auf mit euren Organen. Ihr habt auch diese Botschaft: Alles, was im Darm ankommt, zerstört das Todesgen. Ihr habt doch so viel Raum für das Essen, das könnt ihr doch auch machen, dass ihr wirklich in dieser Präsenz seid. Alles, was in euren Mund hineinkommt, zerstört das Todesgen. Alle Möglichkeiten sind da, und gerade in dieser Schönheit ist es doch so wichtig, diese Unsterblichkeit, diese Unbesiegbarkeit zu erleben für euch, für das Miteinander, für diese Kreativität.

Die Kreativität Lemurias ist noch da, sie wurde nur verschüttet

Und das wird sich auch alles verändern auf diesem Planeten, die ganzen Heilhäuser und die Gesundheitshäuser, die da kommen müssen. Jetzt machen sie schon gerade so viele Krankenhäuser zu für euch, die sie schließen. Das sind doch perfekte Heilhäuser, diese Krankenhäuser, die könnten alle für euch sein. Doch es ist so wertvoll, alles wirkt. Dieses Land, wo euer Menschenfreund Aouyash gerade mit euch war, wo er diese Struktur der Bilderberger gelöst hat (Anmerkung: Niederlande), ist heute schon wieder ohne Regierung. So schnell geht das, alles dehnt sich aus und kommt in die göttliche Ordnung. Es ist so gut und wunderschön, dass ihr hier in diesem Paradies von Lemuria seid, von Thuria, von dieser göttlichen Ebene, denn hier wurde wirklich die Kreativität geboren. Die Kreativität in allem, in der Architektur, in dem Holz, in der Natur. Diese Kreativität von Lemuria, die überall noch da ist, in jedem Land und in jedem Volk, die nur verschüttet wurde. Wenn es sogar noch auf dieser Fahne der britischen Krone steht bei so vielen Inseln, „In unserer Obhut ist Lemuria", was für Ebenen, was für Beweise, dass Lemuria auf diesem Planeten stattgefunden hat. Deshalb, wir können euch nicht zu hohen Priestern und Priesterinnen Lemurias ausbilden oder sonst irgendwas, denn das ist nicht nötig. Was es alles gibt, da draußen, Hohe Priesterinnen. Aber ihr seid doch schon mit dem Lemurianischen Rat. Das ist so wichtig, dass ihr das Wissen erfahrt, und dass ihr das, was ihr wirklich habt, lebt. Und mit dieser wundervollen Präsenz der Kristalle, der Gene, und all diesen Manifestationen, dass ihr das wirklich in eurer Präsenz habt. Und dann geht es auch alles viel schneller, dann ist Lemuria 0 ja schon längst da. Es geht ja nicht um die Trennung, es geht um die Gemeinschaft, es geht um die Freude, es geht um die Freundschaft und Fülle Lemurias, um diese Kreativität.

Genießt diese Reise ins Leben Lemuria 0. Genießt diese Schönheit und Vollkommenheit, genießt diese Botschaft des Miteinanders, alles ist möglich, grenzenlos. Seid in dieser Berührbarkeit, dass ihr euch berührt und auch anschaut beim Sprechen, wirklich Kontakt aufnehmt. Nicht so in den Teller nuscheln, nehmt Kontakt auf, wenn ihr sprecht. Habt Kontakt in dem, was ihr sagt, zu dem was ihr sagt, und zu dem ihr es sprecht, und dabei noch 36-mal kauen. Multitasking beim Essen. Aber das ist wichtig, Kontakt aufzunehmen, mit dem ihr sprecht, denn ihr habt ja eine Botschaft, wenn ihr etwas sprecht, hoffentlich. Wichtig ist auch, dass ihr diese Botschaft in der Kreativität der Augen nennt, denn das ist eine so wertvolle Ebene. Deshalb achtet darauf, wie ihr wirklich kommuniziert am Tisch, in der Gemeinschaft, in der Familie, dass ihr auch in der Kreativität seid und spürt, was ihr sprecht, was ihr kommuniziert. Und das ist sehr wichtig für die Achtsamkeit auch. Ihr schluckt jedes Wort mit runter, alles, was ihr hört beim Essen, geht runter in den Darm. Dass ihr das Essen bewusst lebendig macht. Dann genießt diese Schönheit, das Paradies, diese Vollkommenheit, diese Lebendigkeit und Lemuria 0 ist schon längst da.

SVARANAU
Meister der Lemurianischen Kristallstädte

Ihr wandelnden Lemurianischen Kristallstädte, mit euren wundervollen drei Kristallen Lemurias an euren Fußchakren, Handchakren, im 3. Auge, seid ihr doch wandelnde Kristallstädte Lemurias. Svaranau ist gekommen, der Meister der Kristallstädte Lemurias, auf diesen Platz der Entstehung der Kreativität. Lemuria, auf allen Ebenen die Entstehung der Kreativität. Unbesiegbarkeit, Unzerstörbarkeit ist Kreativität. Und euer kreativster Raum, euer kreativstes Organ in eurem Körper, ist doch das Immunsystem, die Abwehr, die Kreativität, die Unzerstörbarkeit des Körpers, die er bereithält. Und ihr habt doch alle die gigantischen Ebenen von diesen Kristallen, von den Genen, von dieser Kraft der Lebendigkeit, wirklich erfahren. Und das könnte noch viel stärker sein, wenn eure Ängste des Verstands und ganzen Kämpfe immer mit dem Körper nicht wären, mit dieser großen Abhängigkeit und immer mit dieser großen Bewertung. Denn die Kreativität wird immer wieder zerstört durch diese Abhängigkeiten und diese Bewertungen von den Menschen selbst.

Es hat sich viel verändert seit Hawaii, seitdem Svaranau auf Hawaii zu euch kam, in diesem Körper das erste Mal. Vieles ist sichtbar geworden, vieles ist gewandelt. Und diese Ebene, 36.000 Jahre in diesem Schlaf der Menschheit, wie sie die Menschheit innerhalb dieser 36.000 Jahre in den Schlaf versetzt haben, in den Dornröschen-Schlaf, einfach zu funktionieren, einfach abhängig zu sein und zu gehorchen, keine Kreativität zulassen. Dass der Körper trotzdem noch so gesund ist, mit all diesen Formeln und Symbolen, die sie gesetzt haben in den 36.000 Jahren, dass der Körper trotzdem noch so elegant ist. Und dass der Körper trotz der Kriege, trotz der ganzen chemischen Reaktionen des Sauerstoffmangels, trotz dieser ganzen Unlebendigkeit und Angst, dieser DNA, geformt zu werden, dass dieser Körper immer noch da ist und diese Ebene der Schönheit und die Lebendigkeit sich immer weiter geformt hat in diesen 36.000 Jahren, dass sich immer ein Mensch zur Verfügung gestellt hat, das aufrecht zu halten. Und wenn es nur ein Menschenwesen ist, der das aufrecht hält, das geht weiter. Und dass euch wirklich bewusst zu machen, dass ihr in diesen 36.000 Jahren so viel erlebt habt, so viel Lebendigkeit, und auch, dass man euch nicht brechen und zerstören konnte, dass ihr jetzt hier seid, dass ihr diese Kreativität Lemurias in Empfang nehmt, dass ihr wirklich so in diese Aktion gegangen seid.

Und jetzt gerade, in dieser Endzeit dieser 36.000 Jahre, was ist das für ein Glück, dass ihr dieses Treffen arrangiert habt, in der Oronos Familie. Viele haben sich für das Elend entschieden, doch nicht genug. Viele haben sich für dieses Leid entschieden, doch nicht genug. Und deshalb sind wir ja schon 2018 nach Hawaii gekommen, um das vorzubereiten, diese Kreativität Lemurias, diese Vollkommenheit Lemurias, dieser Frieden Lemurias, das der auf diesem Planeten wieder Einzug hält, dass der in euren Körpern wieder Einzug hält. Dass in euch wieder der Atem und diese Kreativität Lemurias lebendig ist, denn Lemuria hat auf diesem Planeten stattgefunden, und deshalb ist das alles in eurer DNA gespeichert. Deshalb ist es auch so wertvoll, dass immer wieder diese Begegnungen stattfinden, denn mit diesen Kristallen verbunden, mit den Kristallstädten Lemurias verbunden, und mit den 33 Genen und den Kristallstädten verbunden, seid ihr doch wandelnde Kristallstätten auf diesem Planeten. Und das ist diese große Kraft der Kreativität, der Lebendigkeit, diese Botschaft des Miteinanders wirklich aus diesem Jetzt heraus zu erfahren, denn diese Kristallstädte Lemurias, pure Kreativität, diese Offenbarung. Was habt ihr wirklich für Heilungsmöglichkeiten, und diese auch wieder zu übertragen, so große lebendige Einheiten des Friedens. Mit diesen großen Lemurianischen Kristallen ist doch wirklich Frieden angesagt auf diesem Planeten und im Körper, endlich wieder das Immunsystem zu stabilisieren, diese größten Kämpferzellen, diese größten Abwehrzellen, dass ihr das Immunsystem involvierungsfrei und lebendig macht.

Ein starkes Immunsystem schützt vor der Vergiftung auf diesem Planeten

Ihr müsst euer Immunsystem stärken und nicht ständig nur drücken und runterfahren mit euren Gedanken, mit euren Nahrungsmitteln. Diese Nahrungsmittel sind ja oft so ein Gift für das Immunsystem, wie der Zucker und so. Wenn sie die ganze Gen-Forschung, diese Genpflanzen-Forschung, weiter betreiben wollen auf diesem Planeten, was das für schwächende Informationen sind für das Immunsystem, diese ganzen Gen-Geschichten der Pflanzen. Aber das passt ja wieder voll in dieser Frequenz, wenn die Menschen genverändert sind, dann wollen sie auch genverändertes Material zu sich nehmen. Deshalb achtet wirklich auf die Stärke eures Immunsystems, denn das ist pure Kreativität. Wenn eurer Immunsystem stark ist, dann habt ihr immer diesen Frieden und die Kreativität in euren Zellen. Das Immunsystem, der König und die Königin eurer Organe, denn es ist die Abwehr, euer Immunsystem.

Dass ihr euch nicht mehr so schwächen lasst in eurer Kreativität, in eurer Nahrung und Nahrungsaufnahme, dass ihr wieder frei seid und euer Immunsystem diese ganze Struktur der Abwehr wieder aufnehmen kann. Dass das Immunsystem seine Aufgaben machen kann, wirklich mit seinen Frequenzen den Körper zu schützen vor dieser ganzen Vergiftung auf diesem Planeten.

Diese Pflanzen Lemurias sind noch da

In dieser Ebene, dieser Kreativität dieses riesengroßen Kontinents, der auf dem Planeten weilte, war eine sehr wichtige Pflanze auch der Hafer. Eine sehr große Heilpflanze, der Hafer. Hafermehl, sehr kraftvoll. Jetzt, wie es im Moment auf dem Planeten ist, wie es so ausgemerzt und ausgebreitet wird, ist es natürlich nicht so in diesem göttlichen Glanz.

Der **Hafer** und das Hafermehl ist sehr gesund und effizient für den Darm und für das Immunsystem. Hafer hat sehr große heilende Eigenschaften mit sehr vielen Aminosäuren darin. Hafer ist eine sehr goldene Pflanze, schon von seiner Form her so eine wundervolle Fülle. Wenn ihr euch diese Pflanze mit eurem 3. Auge einfach mal abruft, es ist doch so schön, diese Form. Ein Korn ergibt so viele Körner, und das ist doch so eine Veredelung. Der Hafer ist sehr kraftvoll, jedoch jetzt nicht in Form von Flocken. Das ist nicht der Bestandteil von Hafer, der satt macht, diese Haferflocken. Dann müsst ihr immer mehr essen, weil es nicht in dieser Struktur ist. Haferflocken machen nicht satt, das ist euch doch schon aufgefallen, hoffentlich, dass ihr immer mehr essen müsst, weil nichts mehr drin ist, in diesem Hafer. Das Hafermehl und die Haferfrequenz, aber keine Haferflocken, so etwas kann der Darm nicht aufnehmen oder nur zu anderen Sachen verwerten. Da könnt ihr aus dem Hafermehl schöne Haferfladen oder Hafer-Pancakes machen, Haferpfannkuchen, was so in eurem täglichen Gebrauch ist. Die Haferflocken sind nicht fair für den Darm, allein von der Trocknung her ist es nicht förderlich für den Darm. Was man den Kindern den ganzen Tag unterjubelt mal wieder. Haferflocken sind billig, günstig, aber nicht effizient für den Darm. Aber das Hafermehl und der Hafer sind sehr wichtig in eurem Bewusstsein und für den Körper. Wenn, dann selbst mahlen, dann ist gleich eure Energie und Frequenz drin, und das ist viel besser.

Wir hatten viel **Kurkuma**, viel **Ginseng** und **Ingwer**, für diese Verwurzelung, für die Kreativität aus der Erde. Damit ihr emporsteigen könnt braucht es diese Kreativität aus der Erde. **Weihrauch** ist auch ein gutes Gewürzmittel, nicht nur zum Räuchern. Wir hatten viel diese verschiedenen **Chilis** und die **Zedernkerne**. Zedernkerne sind sehr nahrhaft, und auch die Wurzeln und die Tannennadeln, in Tees. Das Zedernöl ist auch sehr wichtig. Und die Kokosnuss, diese Kraft der Kokosnuss, der Kokoszucker und das Kokoswasser, das ist ja auch so kraftvoll für das Immunsystem. Das ist so ein wundervolles Manifest Lemurias, diese Kreativität. Einen gepressten, verpappten Weizen, so wie Soja und Seitan, das gab es nicht bei uns. Was wir noch auf diesem Kontinent hatten, waren die **Maca-Früchte**. Die kann man auch wundervoll essen, nicht nur in dieser Kapselform, wie ihr sie kennt, sondern auch die Maca-Früchte. Eine sehr große Frucht und ein sehr großes Manifest von Lemuria war und ist der **Koriander**.

Was wir noch auf diesem Kontinent hatten, war ein sehr, sehr großer **Farn**, drei bis sechs Meter hoch. Wenn ihr Farn einpflanzt, dann müsst ihr ihm wieder sagen, werde so groß wie in Lemuria. Dann habt ihr wirklich Farn satt, große Pflanzen. Farn zu essen ist im Moment nicht so günstig für euren Magen-Darm-Trakt, dazu ist er zu sauer. Aber für die Schönheit und den Schutz, denn der Farn schützt euch vor dem Bösen. Das ist eine gute Pflanze, den muss man immer um das Haus herum haben, denn er schützt vor den bösen Gedanken der Feen und der Hexen.

Was wir noch in sehr großen Mengen hatten, war **Hanf**. Jetzt nicht zum Chillen, für diese unglaubliche Erniedrigung. Sondern Hanf ist wirklich eine Götterpflanze, eine Pflanze für die Heilung und auch für alles, was

ihr braucht zum Hausbauen, um Autos zu bauen, für Bücher. Hanf ist für alles der Träger, und wächst schneller und stärker und gibt wirklich ganz viel Sauerstoff. Hanf gibt zehnmal mehr Sauerstoff als jeder Baum. Hanf war auch ein sehr wichtiges Nahrungsmittel, sehr heilsam. Das muss man nicht rauchen. Das ist einfach, wenn die Menschen so abhängig werden von diesem Rauch und von dieser Schwingung, dieses beschwingt zu sein und sich nicht mehr zu spüren. Das ist nicht fair für die Seele, das ist nicht fair für den Körper, wenn die Menschen sich volldröhnen mit dieser ganzen Ebene. Das ist nicht fair für die Schöpfung. Und das ist ja auch, drei-, viermal Visionen und danach verstumpfen die Kanäle, weil zu viel genommen wird und auch zu viel Dreck und andere Dinge drinnen sind. Doch für die Autoindustrie, für die Bücherindustrie, für die Flugindustrie, für Flugzeuge und Autos aus Hanf, das ist härter als Stahl. Das ist richtig phänomenal, was man alles mit Hanf machen kann. Und es ist sehr ergiebig, die Hanfsamen, Hanfkleidung, für die ganze Branche der Kosmetik, und auch für die Nahrung ist Hanf ganz wertvoll. Aber die waren groß, die Lemurianischen Hanfpflanzen, weil sie sich dann auch immer an die Mammutbäume angepasst haben, weil es eine Spiegelung ist. Deshalb sind das viele, viele Möglichkeiten. Und weil so wenig Sauerstoff bei euch da ist, werden die Pflanzen natürlich auch so klein. Wenn viel Sauerstoff wieder auf diesem Planeten ist, werden auch die Pflanzen wieder viel größer. Sie sind einfach so klein geworden, diese Pflänzchen.

Und natürlich die riesengroßen **Mammutbäume**, die dort waren, in denen man auch wohnen kann. Dann braucht man nicht so viel Erde und Steine zerstören, dann kann man einfach in den Mammutbäumen wohnen. Man braucht keine Baugenehmigung, das ist ja immer das Wichtigste bei euch, die Genehmigung. Einfach einziehen in den Baum. Das wäre doch mal etwas, ein Mammutbaum-Hotel.

Was noch eine sehr große Heilpflanze auch war für die Nahrung in Lemuria, ist das heutige **Amaranth**. Sehr leicht für den Darm, dass nicht alles stundenlang blockiert und festhängt im Magen-Darm-Trakt, dass es euch wieder lebendig macht und ihr nicht stundenlang im Delirium seid.

Was noch sehr kraftvoll auch war und immer noch herrscht auf diesem Planeten, ist **Mango** und **Papaya**, eine große Frucht auch von Lemuria. Mango und Papaya mit Amaranth ist sehr perfekt für euren Darm.

Und deshalb habt ihr auch gehört, wie wichtig diese Hanfmilch ist für die Babys auch. Dass sie wirklich gut durchkommen und ihr Immunsystem gestärkt ist. Die Hanfmilch, wenn die Mutter nicht ihre Brust geben will für die Kinder, dann sollte man auf keinen Fall diese Chemie geben, sondern die Hanfmilch, denn da ist alles drin für die Babys. Aber auch wenn die Mütter irgendwann nicht mehr die Milch haben oder auch bereit sind, das Kinder weiter zu stillen, weil es ja auch groß wird, dann auf jeden Fall die Hanfmilch geben. Das macht sie zu starken, unbesiegbaren Kindern und Wesen. Gerade sind sie ja so „besiegbar", weil sie ein schwaches Immunsystem haben. Und jetzt natürlich diese Information, die ihr bekommen habt mit dieser Zellzerstörung, mit der Zellkernzerstörung, mit der Vaccination, was das bedeutet. Und deshalb ist es so wichtig, dass diese Ebenen sich wieder offenbaren, dass die Menschen sich wieder hören, und aufeinander hören und miteinander sprechen. Deshalb ist die Hanfmilch auch jetzt gerade so wichtig für das Immunsystem, für die Babys. Und auch dieser kraftvolle Saft der Kokosnuss, was für ein Manifest auch für die Menschen für das Immunsystem. Aber auch der Kokospalmsaft war immer sehr ergiebig.
Was für tiefe Nahrungsmittel, und es ging ja wirklich um die Essenz. Und natürlich reinstes Wasser aus den ganzen Quellen Lemurias und den gigantischen Wasserfällen. Reinstes Wasser, keine Cola.

Kakao und **Kaffee** waren auch da, und Kokain, und auch die **Kokapflanze**, eine sehr starke Heilpflanze und sehr ergiebig. Kokain schützt vor dem Wind und vor dem Wasser, wirklich eine sehr große Heilpflanze, wenn man sie lässt, die Kokapflanze. Jetzt nicht für die Geschichte der

Drogen, das Kokain, nicht jetzt diese Verwirrung. Die Kokapflanze ist absolut für die Kraft des Bodens ganz wertvoll, ein ganz großer Wasserspeicher auch, für die Lebendigkeit und ein sehr großer Schutz vor Überschwemmungen, denn sie saugt das ganze Wasser auf, die Kokapflanze. Da muss man wirklich wieder darauf achten, die Kokawurzeln haben ja nicht diese Gifte, das ist ja dann erst so reingekommen. Die Kokablätter sind sehr stark, und dass sie das verändert haben, mit der Pulverform, da ist so viel mehr an Erdöl und alles drin. Aber wenn ihr euch die großen Blätter anschaut, die nehmen auch ganz viel Wasser auf, und die Pflanzen verhindern wirklich Überschwemmungen. Und wenn man Kokablätter kaut, haben die Menschen immer einen nassen Mund. Sie machen auch einen guten Atem, wirken desinfizierend und adstringierend, es macht einfach eine gute Frequenz. Das hat man erst in dieser Zeit so genutzt mit diesen Erdöl-Beimengungen und was da alles in dem Koks so drin ist. Da ist ganz viel Erdöl, ganz viel Schrott drin. Und es geht nicht darum, das zu schniefen, nein, es zieht das Wasser an und speichert das Wasser und verhindert somit mega Überschwemmungen. Natürlich waren unserer Kokainpflanzen auch angelehnt an die Spiegelung dieser Bäume, sehr groß. Deshalb, wenn man alle Bäume jetzt abholzt, so wie bei euch, dann wird es sehr nass auf der Erde. Wenn man alle Bäume umhaut, ist nichts mehr da und es kann nichts mehr gespeichert werden, deshalb wird es so nass jetzt auch bei euch mit den Überschwemmungen. Diese Kokablätter reinigen auch den Zahnstein. Dann muss man gar nicht mehr zum Zahnarzt, weil es keine Löcher mehr gibt, weil dieser Karies-Pilz die Menschen nicht mehr befällt. Karies ist ein ganz klarer Candida-Pilz, so wie er die Zellen angreift und zerstört. Also bei uns in Lemuria, auf dem größten Kontinent des Planeten, gab es keine Karies, und es gibt bis heute keine Karies, keine Pilze. Diese ganzen Kakao- und Kaffeepflanzen auch, wie sie wirklich die ganzen Wassermassen aufnehmen, auch zum Schutz vor der Überschwemmung.

Was wir auch noch hatten und was bei euch auch noch da ist, sind die **Avocados**. Sehr ergiebig, sehr feucht und sehr, sehr wichtig auch für diese Öle, die in der Avocado drin sind. Die ganz tollen Vitamin-E-Öle und Vitamin B, wirklich eine mega Zusammensetzung in der Avocado. Sie sollte in eurem Repertoire jeden Tag niemals fehlen. Aber natürlich weich, ganz wichtig, nicht so steinhart. Und die Kerne kann man auch wieder einpflanzen für neue wunderbare Avocados und man kann sie auch ins Feuer geben. Wenn man sie trocknet, heizen sie das Feuer tausend Mal mehr als Kohle, viel, viel wärmer, dann ist es das stärkste

Element. Und die Asche vom Holz oder von den Kernen wieder in die Natur geben, das ist tausend Mal besser als Pferdedung oder Kuhdung, oder was ihr da auch immer draufmacht. Das ist dann der Kreislauf, wenn ihr die Asche wieder in die Natur gebt. Das ist so wichtig.

Ja, wir müssen jetzt gerade einmal schauen, was bei euch noch so da ist an Resten. Der **Pfeffer** war auch eine große Pflanze Lemurias, der Pfefferbaum, roter Pfeffer, wunderschön, so edel diese Blüte. So eine Veredelung, die ganzen tollen Blüten von einem blühenden Pfefferbaum. **Safran** ist auch noch da auf diesem Planeten, ein sehr toller Geschmack. Und diese **Feigenbäume** sind doch total lemurianisch, schon der Duft. Und **Datteln**, die tauchen irgendwie immer zusammen auf. In eurem Studentenfutter darf das nicht fehlen. Für euren Magen-Darm-Trakt ist es ganz wichtig, dass die Feigen und Datteln frisch sind oder wenn gedörrt, dann nur bei 40 Grad, nicht getrocknet. Sonst ist alles weggebrannt bei den industriellen Trocknungsverfahren, es ist nichts mehr drin. Die Früchte in der Sonne zu trocken ist auch ganz genial.

Aloe Vera war natürlich auch noch eine große Lemuria-Pflanze. **Bambus** hatten wir natürlich auch, das ist sehr stark auch für die Heilung und für die Bauten. Bambus ist sehr ergiebig und wächst sehr schnell, ist überhaupt nicht in diesem Zerstörungsfeld. Und Bambus ist auch sehr schön für Kleidung, die Bambusstoffe sind sehr kühlend. Zusammen mit Hanf ist es ganz wunderschön. Und dann noch einen Schuss Safran hinein für die goldene Frequenz, für die Schönheit der Stoffe, ganz wundervoll. Ihr seht, ein wundervolles Leben für euch. Safran gefärbte Kleidung hält vor allem, es färbt sich nicht mehr raus. Bambus und Hanf gehen auch nicht ein bei 30 Grad Feinwäsche, Menschen. Was für eine wundervolle Botschaft für euch. Und der **Ginkgo-Baum**, der duftet schon so gut.

Macadamia-Nüsse und **Cashew-Nüsse** sind auch noch aus dem Lemuria-Reigen. Natürlich auch der **Vanillebaum**, der Vanillestrauch, auch das gab es in Lemuria.

Wir hatten auch die großen **Pfingstrosen**, die waren auch sehr schön, und **Lilien**. Und natürlich auch durch diese drei Sonnen waren es sehr große Lilien und Pfingstrosen. **Sonnenblumen**, so groß wie der ganze Raum, da konnte man drauf wandern. Sonnenblumenöl nur kalt gepresst und nicht heiß gepresst, weil es sonst alles rausgeht aus der Frucht und den Kernen und nichts mehr im Öl ist. Dann verdampft alles, das ist sehr wichtig.

Also könnt ihr doch einen reinen Lemuria-Laden aufmachen, nur mit der Feinkost aus Lemuria. Das habt ihr doch gehört von eurem Menschenfreund, alle Meister waren doch immer im Käfer-Zelt beim Oktoberfest in München, und jetzt hat die Familie Käfer den ersten vegetarischen und veganen Laden in München aufgemacht. So wirkt das alles. Deshalb, ein Lemuria-Laden ist auch mal etwas Neues, Lemuria-Einkaufsland mit genau diesen Produkten, mega. Restaurants mit diesen Produkten, eine Pizza aus diesem wundervollen Hafermehl mit Amaranth darauf, gedörrten wundervollen Feigen und Datteln darauf, das ist ein neues Geschmackserlebnis für die Menschen. Pizza Svaranau, Pizza Svatykanau. Babygläschen Rakandryla mit Hanfmilch. Es ist alles da, seht ihr, sieben Grundnahrungsmittel. Das ist doch so schön, dass so viel noch dageblieben ist.

Auch diese Entwicklung dieser ersten Hanf-Ebene, das wird alles in den nächsten Jahren kommen. Gerade auch für die Nahrung der Tiere, die Hanfprodukte. Der Schwarze Schwan entwickelt ja gerade ein Nahrungsmittel für die Tiere auf diesem Planeten, aus Hanf und aus dieser ganzen Geschichte mit den Feigen und Nüssen. Das ist ganz wichtig für die Tiere. Es ist auch so wichtig, dass diese ganzen wundervollen Produkte und Nahrungsmittel, diese Pflanzen und Wurzeln, alle wieder erreicht. Besonders auch die Tiere, weil sie dieser chemischen Fleischindustrie und dieser Plastikindustrie so ausgesetzt sind. Was sie in die Dosen reinmischen, ist wirklich unfassbar für die Tiere, was sie alles bekommen müssen. Dabei wären sie so gesund mit den Zedernnüssen, mit Macadamia, mit dem Hanföl, mit dem wundervollen, genialen Hafer. Alle zusammen hätten sie das beste Fell. Gerade auch für die Kühe ist es ganz gigantisch, wenn man ihnen Hanfprodukte gibt. Denn dieses Heu, so wie sie es vergären im Magen-Darm-Trakt, so wie ihr das auch immer riecht, das kann ja nicht förderlich sein für einen Kuh-Magen, was da rein und raus kommt. Hanfprotein ist wundervoll für die Kühe und für die ganzen großen Tiere.

Diese Tiere Lemurias sind noch da

Elefanten waren auch in Lemuria. Deshalb sind sie immer noch so und wollen, dass dieses ganze Elfenbein Manifestation ist, wirklich durch ihre Antennen auch zum Körper, zu diesem Kosmos. Die Antennen sind das Elfenbein, das sind wirklich noch Anteile aus diesem Lemuria-Gen. Deshalb wird das so groß auch gehandelt auf dem Markt, diese Elfenbein-Geschichten von den Elefanten. **Delfine** und **Wale** waren natürlich auch damals schon präsent in unserer Zeit auf diesem Planeten. Und **Pfaue** hatten wir auch eine Menge. Alle Farben der Kreativität spiegeln sich doch im Pfau. Pfaue waren immer willkommen. **Adler** sind auch noch da, und Seepferdchen. Die haben uns auch begleitet, die Seepferdchen. Natürlich auch **Schwäne**. Das **Zebra** ist auch noch da. Und wir hatten auch schon diese ganzen **Geckos**, und natürlich die wundervollen **Kobras** und **Anakondas** nicht zu vergessen, die waren ja viel mehr in Lemuria. Das ist erst jetzt wohl, in dieser irdischen Zeit, da hat man sie so abgerichtet. Doch sie waren von einem sehr, sehr hohen Spirit und sie sind auch Wächter, Platzwächter und Platzhüter, diese Kobras und Anakondas. Die **Python**, das ist Power, in drei Sekunden kann sie dein Genick brechen. Aber sie wurden ja so abgerichtet, sie sind ja nicht so. Der Feind, der sie tötet, das Menschenbild. Aber in diesem Lemuria-Manifest wurde ja niemand getötet, deshalb mussten sie auch niemandem das Genick brechen. Das ist Unbesiegbarkeit. Aber dadurch, dass niemand irgendjemandem den Raum genommen hat und diese Frequenzen und keine Abhängigkeiten und Bewertung war, musste sich auch eine Schlange nicht zur Verfügung stellen, das zu tun. So war alles in der göttlichen Ordnung. Niemand hat jemanden gefressen. Das ist doch schon einmal die größte Herausforderung. Und Haie gab es auch, unsere Freunde, die **Haie**. Natürlich hatten wir auch große **Braunbären**, alles in der göttlichen Ordnung, weil sich ja niemand zur Verfügung stellen musste in dieser göttlichen Einheit. Alle waren satt, alle sind lebendig und satt. Da spielt der Braunbär mit der Anakonda. Ein Kindergarten von Tieren, keine Gefahr. Erst wenn der Mensch eingreift, ist es Gefahr. Aber es war für keinen eine Gefahr, deshalb musste sich niemand zur Verfügung stellen. Diese Tiere haben alle zusammen in dieser Lebendigkeit und Schöpferkraft gelebt, keine Abhängigkeit. Aber wenn ihr Angst habt, dann werdet ihr schon besiegbar von so einer kleinen Spinne, dann erstarrt ihr schon bei einer minikleinen Spinne, und dann schreit ihr schon, als würde man euch erdolchen. Was ist das für eine Besiegbarkeit? Wenn alle satt sind, sind alle unbesiegbar. Keine Abhängigkeit, kein Hungerleiden, sondern wirklich, alles ist genug da. Weiße Wölfe hatte wir auch, der weiße Wolf Lemurias. Davon gibt es nur noch zwei auf diesem Planeten, zwei **weiße Wölfe**. Einer im Himalaya und einer in Nepal. **Panter** waren auch da, schwarze und weiße. Alles wirklich in dieser Harmonie, in dieser Vollkommenheit.

Deshalb ist es ja auch so wichtig, dass man in den ganzen Camps, im Dschungel, die Geburtszentren für solche Tiere wieder aktiviert, wie zum Beispiel die weißen Panter. Damit sie dort in Stille und nicht im Schießgewehr gebären. Dass sie wirklich wieder diese Achtsamkeit bekommen. Ein weißer Panter ist eine sehr große Trophäe. Dann gebären sie und er wird sofort abgeschossen oder gefangen genommen, sofort. Deshalb braucht es solche Stationen, wo die Tiere gebären können, und wenn sie gestärkt und kraftvoll sind, dann wieder ausziehen können. Sie haben einfach nur Angst bekommen, und wegen euren Gewehren und euren Fallen sind sie eure Feinde geworden. Wegen dieser gemachten Nahrungsmittel-Knappheit, alles wirklich diese Feinde. Deshalb ist es so wichtig, diese Schönheit, diese Kreativität. Und **Pferde** hatten wir auch. Und alle sind wirklich in dieser Geborgenheit, in diesem Vertrauen, in diesem Miteinander. Alle waren satt, jeder war satt, auf allen Ebenen satt. Und alles ist irgendwann auf diesem Planeten so gekippt mit „jeder frisst jeden auf". Irgendwann hat sich das dann mit der ganzen Langeweile der Menschheit entwickelt, jeder frisst jeden auf. Und dann mit den Religionen, „mach dir die Tiere untertan". Und so kam das dann mit der ganzen Ebene auf, dass die ganzen Königshäuser dann Jagen waren auch und die Tiere nicht gegessen haben, sondern einfach abgeknallt haben. Somit kamen sie immer weiter in dieses Manifest, dass diese Kadaver dann gegessen wurden von den Geiern und dieser ganzen Ebene. Und so wurde es immer mehr, jeder frisst jeden auf diesem Planeten. Deshalb ist es dann immer weiter in die Zerstörung gegangen mit diesem Blutsplaneten, mit diesem von Blut rot gefärbten Planeten. Deshalb ist es so wichtig, dass die Menschen alle wieder in diesem Sattsein sind und diese Tiere in das Sattsein bringen, in dieses Bewusstsein, und wirklich Hanfproteine und die ganzen tollen Nahrungsmittel füttern, die wir euch jetzt gerade vorgestellt und mitgebracht haben aus diesem Manifest von Lemuria. Avocados sind so toll für Tiere, auch für jedes Meerschweinchen, für jeden Wellensittich so toll.

(Anmerkung: Das Lemuria-Lied wird gesungen.) Was für eine Heilung, was für eine Klarheit. So wunderschön, wenn ihr singt, wenn ihr das ganze Wasser damit bewellt. So wertvoll, wenn ihr singt und die Künste der Musik, die Künste der Worte sich wirklich ausdehnen dürfen in euch. Und ihr nicht nur diesen Künsten der Zerstörung dient, dieser Fleischindustrie, diesen ganzen Frequenzen, dass sie alles zerstören, zerstören, zerstören. Deshalb ist es so wichtig, diese Ebene, diese Kreativität, dieses Lachen, dieses Lächeln, diese Ebene der Schönheit, dass sich die Menschen immer wieder für schön erklären. Dass dieser Körper immer wieder für absolut schön erklärt wird, für diese Kraft, für diese Kreativität, für diese Liebe. Dass ihr wirklich gar keine andere Chance habt, außer schön zu sein. Dass ihr euch immer wieder als schön empfindet und euch für schön erklärt, denn das ist doch so eine wichtige Botschaft in dieser Zeit. Dass ihr euch für schön und für lebendig erklärt, dass ihr wirklich wieder diese Kraft der Veredelung erfahrt, denn Kreativität ist Veredelung und Veredelung ist Kreativität. Dass ihr das wirklich wieder lebendig macht und in euch tragt. Diese Wiege der Kreativität.

Diese Musikinstrumente Lemurias sind noch da

Wir hatten wirklich viele Musikinstrumente auch. Da ist ja immer noch das **Didgeridoo**, das ist ein sehr starkes Manifest von Lemuria. Das ist so kraftvoll, wenn die Menschen mit dem Didgeridoo angeblasen werden, das sollte man viel mehr wieder machen. Auch bei den ganzen Zellversammlungen, dass die wieder rausgepustet werden mit diesem Ton. Es ist nie zu irdisch, das ist wirklich wichtig, so ein Didgeridoo mit so einem tiefen Ton, wie dann so eine Zellversammlung wieder rausgepustet werden kann, aus dem Körper. Das ist so wichtig, dass sich die Menschen wieder davon befreien, das passt nicht in die Spiritualität, das ist zu irdisch, das ist zu sexy. Nein, das ist ganz wichtig, dass wirklich diese Power da ist von diesem Didgeridoo, von dieser Erdung, von dieser Veredelung der Erdung. Das ist so ein wichtiger Ton, der ist so stark und macht die Menschen so frei. Da muss man doch sofort in die Bewegung gehen, wenn man Didgeridoo hört. Das ist so wichtig, dass ihr euch dem nicht entzieht, dieser Kraft und Schönheit.

Trommeln hatten wir auch satt, in jeglicher Form Trommeln. Alles aus diesen Agavenstämmen gemacht. Aus der Wurzel der Agave kann man gigantische Trommeln machen und Didgeridoos bauen. Dass ihr wirklich diese Trommel-Klänge und Didgeridoo-Klänge erfahrt, diese irdische Frequenz des Aufstiegs. Das sind doch die irdischen Klänge des Aufstiegs, die Trommeln und das Didgeridoo.

Natürlich darf die **Harfe** nicht fehlen dabei, diese wundervolle gigantische Harfe. Das hört sich so schön an, in der Kreativität passt jedes Instrument zusammen. Harfe und Didgeridoo ist so phänomenal, das ist ein perfekter Aufstiegsklang, und die Trommel dazu, phänomenal. Da haben die Menschen nur nicht mehr solche Lust drauf, auf solchen Klang. Das ist so wichtig, diese Lebendigkeit. Wir haben natürlich keine Tierhaut genutzt, sondern Hanfblätter und Koka-Blätter, ganz wichtig. Wenn man sie spannt, machen sie genau den Ton, und noch viel tiefer. Die Blätter machen einen Genuss-Klang, nicht den Tod. Wir haben nicht den Tod zum Klingen gebracht, das ist ganz wichtig. Wir haben nicht auf die Haut geschlagen, Niemand wurde getötet, sondern es waren Hanfblätter, Kokablätter, Kaffeeblätter. Das sind doch riesige Blätter, wenn man sie lässt. Das ist nur eure Begrenzung, weil man euch so begrenzt hat, deshalb hat man die Pflanzen auch so begrenzt. Weil man euch so beschnitten hat in euren Gedanken, hat man die Pflanzen auch so beschnitten und begrenzt. Das ist doch so mächtig. Pflanzen können grenzenlos wachsen, und da müsst ihr immer die Hecken schneiden und alles. Sonst misst der Nachbar die Hecken nach. Diese Begrenzung der Kreativität, das ist doch das. Jede Pflanze ist doch pure Kreativität, ist doch pure Erfahrung der Kreativität. Dass ihr euch, und die Pflanzen auch nicht mehr, in diese Ebenen bringen lasst, in die Begrenzung. Denn das ist so hart zu sehen.

Wenn jeder satt ist, muss sich niemand mehr für Negatives zur Verfügung stellen

Ja, seht ihr, alles da, alles möglich. Und wir haben auch aus dem Salzwasser Strom produziert mit den Kristallen. Alles da! Keine Giftigkeit von Strom und so. Die **Salzwasser-Leuchten** gibt es noch, müsst ihr mal forschen, dazu nimmt man die Wasserkristalle, das System gibt es noch auf diesem Planeten. Es ist so wertvoll, dass ihr wieder so verbunden seid mit dieser Kraft Lemurias. Es ist so wertvoll, dass ihr euch wieder so begegnet mit diesem Spirit, in diesem Manifest Lemurias, dass ihr euch wieder so erfahrt in Lemuria, dass ihr euch wieder so erhebt und wirklich eure Schönheit und eure Visionen wieder kraftvoll und lebendig macht. Denn dann muss sich auch niemand mehr zur Abhängigkeit zur Verfügung stellen, zum Urteilen. Wenn ihr satt seid, muss sich niemand mehr zur Verfügung stellen, keine Armut. Wenn alle Menschen satt sind, dann ist doch purer Reichtum da auf allen Ebenen, dann muss sich niemand mehr für die Armut zur Verfügung stellen, dann muss sich niemand mehr für den Verlust zur Verfügung stellen. Das ist Lemuria! Dann muss sich niemand mehr zur Verfügung stellen, für eine Krankheit, für dieses und jenes, wenn alle satt sind. Und das ist ja so gewesen in Lemuria, dass alle satt waren, dass alle in dieser weiblichen Form dieser Führerinnen waren, die alle satt gemacht haben, auf allen Ebenen. Und hier, eure Regierungen, die euch alle hungrig machen. Sie machen euch hungrig, sie machen euch arm, sie beuten euch aus, sie machen genau das Spiel. Und deshalb ist es so wichtig, dass ihr frei seid, dass ihr lebendig seid, dass ihr friedvoll seid, dass ihr wirklich in diese Unbesiegbarkeit kommt. Unbesiegbar als Volk, als Oronos Familie, als Gemeinschaft, in euren Familien, als Familie, überall unbesiegbar werden. Wenn es im Kleinen beginnt, dehnt es sich aus und wird zum Großen.

Schaut mal, dass diese Frucht, dass diese Seele im Körper bleibt, und diese Kraft einer Mutter, einer schwangeren Frau, wirklich unbesiegbar. Dieser kleine neue Körper, unbesiegbar. Und dann geht es schon los mit der Unbesiegbarkeit, mit der ganzen Pulvermilch, mit den 19 Impfungen, die das Immunsystem schwächen. Du bist besiegbar, da geht es schon los, mit dem ersten Fläschchen, mit der Power dieser toten Nahrung, da drehen sich die Telomere weg vom Körper und all diese Dinge. Aber wenn ihr sie so ernährt, wie wir es euch gerade auch gesagt haben, mit diesen wundervollen Botschaftern Lemurias, mit dieser Power, mit diesem Hanf und allem, dann bleiben sie mit ihrem Immunsystem und allen Dingen unbesiegbar, die Kinder, die Babys. Das ist doch so wertvoll und wichtig, gerade jetzt in diesen End-Tagen von diesen 36.000 Jahren, dass diese Power und diese Stärke in diesen Kindern ist, diese Kraft und dieses Willkommensein auch. Dass die Kinder nicht mehr die ganzen Allergien haben müssen gegen die Bäume und Gräser, dass die Kinder kein gestörtes Immunsystem haben.

Deshalb ist es so wichtig, dass ihr euch dessen bewusst seid, was habt ihr für ein Paradies auf diesem Planeten. Was habt ihr für wundervolle Botschafter Lemurias. So viel Schönes, so viel für die Zukunft Bringendes. Es ist so phänomenal, deshalb pflanzt diese Mammutbäume, pflanzt die Mutterbäume. Und all diese großen, großen Ebenen, seid wirklich in dieser Schönheit, in dieser Göttlichkeit, in dieser Kraft. Schaut, Sonnenblumen so groß die Blüte, wie das ganze Haus hier. Deshalb war es ein großer Kontinent. Was das allein für Kraft ist, da können doch wundervolle Samen und Saaten lebendig werden, und alles ist in dieser Schönheit. Wirklich, du bist schön, du bist lebendig. Alles ist in dieser Kraft, unbesiegbar zu sein. Fünf bis zehn Meter hohe Farne, alles war unbesiegbar. Überlegt euch diese Kraft. Und alles hatte genug Wasser und war sattgrün, kein Wassermangel, gar nichts.

Da hat man dann hier auf Madagaskar diese andere Pflanze für das Wasser gezüchtet, der **Baobab-Baum**. Weil man die ganzen Wurzeln so klein machen musste oder sie so runtergegangen sind, hat man die dann hier für das Wasser gezüchtet.

Dann seid bereit, Lemuria 0, so eine Kraft, so eine Liebe, so eine Botschaft von dieser Lebendigkeit, pure Lebendigkeit. Seid bereit, und es lohnt sich auf jeden Fall, zu bleiben mit Lemuria 0. Und wenn ihr erst einmal in eure Mammutbäume einzieht, in eure Mutterbäume, es lohnt sich zu bleiben. Das ist doch kein Rückschritt, dann könnt ihr alles abrufen mit der Spiritualität und mit diesem 3. Auge. So ein Mutterbaum, Mammutbaum, der schützt auch sehr stark vor dieser Strahlung und so, da kommt nichts durch. So gut, wenn ihr euch erst einmal eure Suite in einem Mutterbaum einrichtet, eure Suite in einem Mammutbaum. Setzt Mammutbäume und macht euer Mammutbaum-Feld klar. So wichtig für diese Wassermassen und für die Strahlung und all diese Dinge. So ein wertvoller Mutterbaum.

SYKANAU
Meister der goldenen Lemurianischen Schönheit

Es ist so gut, diese lebendige Weite Lemurias und diese lebendige Weite eurer Schönheit zu erfahren, dass ihr wirklich respektvoll und würdevoll in eurem Körper seid, denn das ist ja wirklich diese Kraft dieser Spiritualität, auch den Körper in dieser Freiheit und Grenzenlosigkeit zu erfahren, den Körper auch in der Vollkommenheit zu erfahren, in der Offenbarung des Guten. So viel ist in der Veränderung auf diesem Planeten und ihr habt wirklich treue Freunde. 1000 Freunde, die alle zu euch kommen aus der Zukunft. Was für ein Fest, dass ihr das wirklich immer wieder erfahrt, dieses Fest, das niemals aufhört. Dass ihr euch wirklich stärkt in der Gemeinschaft, mit all dem Wissen, das ihr habt. Auch mit dem Lemurianischen Wissen, das ihr bekommen habt in diesen Jahren seit 2018, seitdem die Meister eingeladen wurden, auf diesen Planeten wieder zu kommen, und zum ersten Mal in Hawaii. Was für eine unendliche Befreiung mit diesen Kristallen, was für eine unendliche Bewegung. Und dann hat es noch ein bisschen gedauert, bis dann der andere Kristall verankert wurde, der Dritte, und bis dann die ganzen Botschaften gekommen sind. Doch ihr habt euch entwickelt seit Hawaii, ihr habt euch wirklich entwickelt. Ihr seid nicht mehr so in dieser Starre, eure Körper sind viel, viel feiner und lebendiger geworden, seit der letzten Begegnung. Das ist schön zu sehen, wenn die Körper weicher werden, dann kann noch viel mehr Energie durch sie fließen.

Es ist so schön zu sehen, wie diese Tötungsaktion euch nicht erreicht hat. Und deshalb nutzt dieses Wissen über die ganzen Hologramme, diese wirklich zu löschen für euch selbst, für die Menschenwesen, frei von dieser Vergangenheit zu sein dadurch. Alle diese Hologramme der Nicht-Veredelung und diese ganzen Strukturen, durch die ihr diese 36.000 Jahre geprägt wurdet. Wirklich diese Einsamkeit, die macht die Menschen nur schwächer, nicht stärker, diese Einsamkeit, diese Anspannung. Und deshalb ist es so wichtig, dass die Menschen sich wieder friedvoll begegnen, dass sie sich nicht immer und immer wieder in diese Einsamkeit begeben. Dass die Menschen sich wirklich wieder erfreuen an der Gemeinschaft, denn wie ihr ja auch seht, Gemeinschaft verjüngt, Gemeinschaft macht einfach schön. Vor allem erst einmal auch mit euch selbst, dass ihr erst einmal mit euch selbst eine Gemeinschaft aufbaut, mit euren wundervollen Zellen, dass die ganzen Hologramme der Anspannung und dieser ganzen Märchen nicht mehr in eurer DNA schwingen.

Die Hologramme der Märchen löschen für den Frieden

Mit diesem Märchen „Spieglein, Spieglein an der Wand", wie das schwingt, euer Rivalen-Dasein und diese ganze Frequenz. Darauf baut sich alles auf, diese ganzen Sendungen wie „Topmodel". Sie haben alle ihre erfolgreiche Basis durch diese Botschaft von „Spieglein, Spieglein". Aufgrund dieses Märchens sind die so erfolgreich, diese ganzen Megashows, weil sie alle auf dieser Erfahrung in der DNA basieren. Sie basieren alle auf diesen Märchen, dass das Märchen endlich wahr wird, das Happy End. Deshalb ist das alles so erfolgreich, weil die alle auf diesen Märchen basieren, weil das alles in eurer DNA mitgewachsen ist aus der Kinderzeit, aus den Kinderbüchern. Und somit entstehen so viele Probleme auch, durch diese Märchen und die Rivalen, all diese Dinge. Doch deshalb ist es so wichtig, diese ganzen Hologramme dieser Märchen auch zu löschen, die noch so in dieser DNA sind, denn das macht ja nicht schöner. Mit so einem Märchen ist ja der Mutter-Tochter-Konflikt schon aktiviert und sofort manifestiert, damit ist ja schon der Rivalen-Konflikt ausgelöst. Denn so ein Kind stellt sich das alles bildlich vor, es lebt ja mit diesen Märchen. Und das ist doch so mächtig, dass sich durch diese Offenbarungen solcher Märchen einfach den Erfolg dieser Shows aufbaut. Es ist so wichtig, dass diese Frequenzen frei werden und sich nicht mehr über diese DNA legen. Deshalb löscht diese Hologramme mit euren Kristallen, diesen Konflikt zwischen Mutter und Tochter, diesen ganzen Rivalen-Konflikt, „wer ist die Erste im Paradies?", und all diese Dinge, die damit in der DNA aktiviert werden.

Das ist wichtig, solche Hologramme wirklich auch zu löschen, mit dieser Technik, die ihr bekommen habt über die Kristalle. Damit sich das wirklich offenbart, und dass die Menschen wieder frei werden und nicht immer in dieser Rivalen-Beziehung sind, in dieser Rivalitäts-Ebene. Es ist doch so wichtig, dass ihr das wirklich verändern könnt mit diesen Techniken, diese Hologramm-Löschung, dass sich die Menschen wieder offenbaren und lebendig sind, und dann sich wieder erfahren in dem Guten, in der Gemeinschaft, in dieser Kraft, denn Lemuria ist einfach diese Kraft der Gemeinschaft des Körpers. Jede Zelle ist echt, jede Zelle ist wahrhaftig, jede Zelle ist unbesiegbar, jede Zelle ist in dieser Wahrhaftigkeit, jede Zelle ist in dem Frieden, und jede Zelle ist in der Offenbarung des Guten, in der Offenbarung der Zukunft. Dass die Menschen wirklich in dieser Gemeinschaft unbesiegbar sind auch, unbesiegbar! Dass die Menschen sich wieder offenbaren in dieser Leichtigkeit, in dieser Botschaft des Friedens, denn es ist so wichtig, dass die Menschen wirklich keine Macht mehr dem Krieg geben und keine Macht mehr den

Waffen geben, und dieser Ebene. Kriegführen bringt niemanden weiter hier auf diesem Planeten. Deshalb, es ist einfach diese Ebene, die Unbesiegbaren, Thuria, diese Kraft Lemurias, unbesiegbar, auf allen Ebenen unzerbrechlich.

Der Lemuria-Ring ist die Verbindung von Thuria

Das macht die Menschen nicht hart, sondern wirklich ausgerichtet, keine Involvierung, keine üble Nachrede oder keine Bewertung. Die Bewertung, die Involvierung, das macht die Menschen immer so angreifbar. Diese Lüge, diese Attraktion der Lüge, und alles, was man euch so hineingegeben hat für ein gutes Leben, das macht die Menschen so zerstörbar. Doch unzerstörbar sein, unbesiegbar sein, mit einem wundervollen weichen Körper ohne Härte. Das singt ihr doch schon immer wieder, die Sieger, die Gewinner, unbesiegbar zu sein, diese ganzen Ebenen. Es ist so schön, dass ihr auch alle diesen Lemuria-Ring tragt, der eine Verbindung ist. Diese Kraft, diese Verbindung mit dem, was auf diesem Planeten stattgefunden hat, dieser Lemuria-Ring ist diese Verbindung von Thuria. Was habt ihr wirklich für ein Glück, dass ihr so gesegnet seid, selbst mit Schmuck, mit diesem Kraft-Ring Lemurias. Denn es ist wirklich die Verbindung zu dieser Unsterblichkeit, zu dieser Unbesiegbarkeit auch, dieser Ring.

Deshalb ist es doch so wunderschön, dass ihr in diesem Frieden, in dieser Göttlichkeit, in dieser Schönheit seid, und dass jeder Atemzug ein rauschendes Fest der Schönheit Lemurias ist. Dass jeder Atemzug ein rauschendes Fest in eurem Leben ist, dass ihr präsent seid, dass ihr aus dieser Unsichtbarkeit genährt werdet. Dass ihr aus dieser Unsichtbarkeit Nahrung findet, der Sauerstoff, der für alle Organe da ist und für alle Organe wirklich diese Lebendigkeit macht. Und ihr habt es doch gemerkt, da wo ihr mit euren Kristallen auftaucht, kommt ja gleich eine bessere Luft. Da wo ihr auftaucht, ist gleich eine viel bessere Schwingung mit euren Kristallen, mit allem, was ihr so erfahren habt. Es ist wirklich gleich eine andere Botschaft im Raum überall. Und das ist auch so schön, wenn ihr mehr Sauerstoff und eine bessere Luft habt, dann werden auch die Körper wieder weicher. Die Körper sind ja so hart durch den Sauerstoffmangel, durch die Nicht-Bewegung, durch diese ganzen Ebenen der DNA. Wenn ihr wieder Sauerstoff habt und euch wieder bewusst damit verbindet, denn es ist ein so großes Manifest, diese Atmung des Unsichtbaren, was jedes Organ unbesiegbar macht. Ein starkes Sauerstoffvolumen macht doch jedes Organ unbesiegbar, unkaputtbar, diese Stärke und Kraft des Sauerstoffs, denn so viele Organe sind kaputt auf diesem Planeten. Durch den Sauerstoffmangel, durch die ganzen Frequenzen des Rivalen- und Rivalinnen-Daseins und auch die ganzen Involvierungen und Beurteilungen, das macht doch wirklich eure Organe kaputt.

Die Unbesiegbarkeit des Körpers

Vor allem auch diese ganzen Pilze auf euren Zähnen und im Organismus, so viele Pilze. Das bringt so viel in dieses Leid und in die Veränderung. Seid wirklich in dieser Kraft und in dieser Schönheit und in diesem Manifest des Guten, dass wirklich auch durch diesen Sauerstoff eure ganzen Organe absolut unbesiegbar sind, durch diese Ausrichtung keine Bewertung mehr zu geben, keine Involvierung mehr. Dass eure Organe absolut unbesiegbar sind mit dieser Lemurianischen Schönheit, mit dieser Lemurianischen Vollkommenheit, mit dieser Kraft in Verbindung zu sein. Dass die Organe auch nicht mehr in dieser Einsamkeit sind. Eine einsame Leber, die wird größer, damit man sie sieht. Wenn die Menschen so viel Alkohol trinken aus Einsamkeit, dann legt sich das auf die Leber und die Leber wird größer, damit man das sieht. Was für eine Spiegelung dieser Einsamkeit in den Organen, in euren Organen. Deshalb seid wirklich in dieser Vollkommenheit und Schönheit, und lasst euch nicht mehr lähmen, dass diese ganzen Süchte sich auflösen und dass diese Schönheit wiederkehrt, überall in euren Organen. Denn ihr habt auch diese Lemurianischen Organformeln, alles ist in dieser Kraft, in dieser Schönheit, in dieser Veredelung. Dass ihr euch nicht mehr in diesem Krieg, in dieser Zerstörung befindet mit euren Organen, mit eurem Körper und all diesen Ebenen, das ist doch so wichtig. Dass ihr wirklich in diese Offenbarung des Guten geht, dass ihr in diese Offenbarung der Vollkommenheit geht, denn dieser Körper ist doch so ein wundervolles Manifest, in dem ihr alles erfahren könnt, je nachdem, was ihr so einladet, unbewusst oder bewusst. Euer Körper ist doch so wundervoll, mit dem ihr alles erfahren könnt. Diesen größten spirituellen Reichtum, diesen größten materiellen Reichtum, all diese Ebenen, alles könnt ihr mit diesem Körper erfahren. Und diese Ebene von „der Geist beherrscht die Materie". Ihr wollt alle sehr große Erfahrungen machen, deshalb geht wirklich den besten Weg, den guten Weg in diese Freiheit, diese Lebendigkeit, dass all eure Organe unbesiegbar sind und unbesiegbar werden.

Und dann muss es sich erst einmal wieder mit dieser ganzen Zeitgeschichte auch verändern, denn in dieser Lemurianischen Schönheit seid ihr immer jung und immer lebendig und immer gesund. Wenn ihr nichts mehr in dieser Ebene braucht und diese Krankheit sich stabilisieren oder ausdehnen muss oder stehen muss für diese DNA, das ist wirklich ein großes Hologramm, so eine Erfahrung von Krankheit. Es ist ein so großes Programm auf der DNA. Deshalb, ihr könnt wirklich in dieser Freundschaft sein mit eurem Körper, in dieser Freude, in dieser Begegnung und in dieser Gesundheit. Und es ist immer noch so wichtig in diesen Tagen, dass ihr die Gesundheit pflegt und nicht die Krankheit. Diese Ebene, die Krankheit zu pflegen, ist ja so mächtig auf dieser DNA gewesen. Und auch diese Ebene, dass sich die Menschen gegenseitig so zerstören können, durch die Bewertung und durch die Arroganz und die Involvierung. Was Worte für eine Macht haben, was Gedanken und Handlungen für eine Kraft haben, was das für eine Gedanken-Ebene ist. Doch das ist so wichtig, diese ganze Zerstörungs-Ebene zu verlassen auf diesem Planeten, und das Gute und das Neue, die beste Erfahrung zu machen von Gesundheit und von dieser Kraft, jeder ist schön. Diese Schönheit Lemurias, diese Lebendigkeit, diese Veredelung, jeder ist schön, alles ist schön.

Das Böse und den Tod aus dem Unterbewusstsein befreien

Man braucht nur ein Buch, dieser „Struwwelpeter", und schon geht der Horror los in den Kindern. Schon geht der Horror los mit dem Essen, mit den Haaren, mit den Nägeln, mit dem Daumen, mit dem Feuer. Das ist ja wirklich ein Horror-Buch, da geht es schon los mit dem Krieg, nur mit 40, 50 Seiten geht der Krieg in den Kindern auf der DNA los. Und das ist so wichtig, dass sich das bei den Kindern wieder auf der DNA löst, dass die Kinder wieder frei werden und nicht in diesem Manifest steckenbleiben, mit dem Unterbewusstsein, und alles, was sie mit so einem Buch aufnehmen an Informationen für den Körper. Das sind alles diese Ausläufer auch dieser 36.000 Jahre, dass die Kinder, die so vertrauensvoll kommen, gleich so stark bekannt gemacht werden mit dem Bösen, mit dem Tod, mit der ganzen Ebene. Damit kein Lemuria dann entstehen kann, damit es sich sofort manifestiert, diese ganze Ebene von Schuld und allem. Dass das alles dann sofort in das System gehen kann und dadurch die Kinder keine Macht mehr haben für diese Unzerstörbarkeit, für diese Unbesiegbarkeit, dass diese durch solche Bücher komplett schon zerstört wird. Und das macht natürlich auch sehr einsam, wenn solche DNAs dann so geformt werden.

Deshalb ist es so wichtig, dass die DNA aus dieser Zerstörung und Bewertung, aus dieser ganzen Struktur der Involvierung und Schwäche wieder befreit wird. Dass wirklich die Liebe immer die Menschen in der vollen Fülle leben lässt, niemals in dieser Mangelfrequenz. Mit dieser Bewertungsfreiheit und Involvierungsfreiheit muss ja niemand in diesem Mangel leben. Das ist ja so wichtig, dass sich die Menschen wieder offenbaren. Diese Lebendigkeit und diese Kraft jedes Organs macht euch wirklich unsterblich. Dass wirklich jedes Organ in diese Unbesiegbarkeit geht, denn dann ist es immer in der vollen Präsenz dieser Lebendigkeit und seiner Aufgabe. Es ist so schön, wenn die ganzen Organe wieder in ihrer Aufgabe, in ihrer Verwirklichung sind. Dass alle Organe wieder in dieser Kraft, in dieser Entfaltung ihres ganzen Potenzials sind, dass sie wieder ihr ganzes Potenzial entfalten. Und deshalb geht wirklich diesen Weg in die Freiheit und in die Unbesiegbarkeit, denn Lemuria hat ja stattgefunden. Es ist so wichtig und wertvoll, dass Lemuria 0 auch wieder für euch auf diesem Planeten stattfindet, in dieser Kraft und in dieser Genialität, unbesiegbare Lebendigkeit in euch, unbesiegbarer Frieden. Dass ihr das wirklich nutzt, denn dieser Planet ist so wertvoll. Dass ihr ihn ausgesucht habt für diesen Inkarnationszyklus, so ein wertvoller, lebendiger Planet. So eine Kreativität, so eine Reise in diese Kreativität, durch die Pflanzen, die Blumen, durch die Blüten und durch Tiere. So eine gigantische Kreativität, dieser Planet.

CO_2 ist wichtig für das Wachstum

Und die Menschen haben diese Kreativität verlernt und sich so klein machen lassen, die Körper auch, so klein. Wenn diese Kraft wieder da ist von Lemuria 0, dann werden die Körper der Menschen auch wieder viel größer. Wenn sich auch erst einmal wieder die Luftverhältnisse auf dem Planeten verändern, dann werden auch die Körper der Menschen wieder viel größer. Nicht jetzt, was sie tun wollen, das ist ja völlig in die entgegengesetzte Richtung, mit CO_2, das ist ja, dass die Menschen noch kleiner werden. Das ist ja verrückt. Dann haben sie einfach symbolisch ein kleines Mädchen genommen für diese ganze CO_2-Geschichte, was durch Hungern aufgehört hat zu wachsen. Es ist immer wieder diese Spiegelung, was sie immer wieder auch einsetzen. Durch diese CO_2-Entnahme, wenn CO_2 nicht mehr gebildet wird, dann entsteht Hunger auf diesem Planeten, absolut, ganz klar. Wenn CO_2 fehlt, gibt es Hunger, und durch den Hunger werden die Menschen auch kleiner. Deshalb ist es so wichtig, dass ihr das alles wisst, damit Lemuria 0 noch viel schneller auf diesen Planeten kommen kann und schon längst aktiviert ist und schon längst da ist. Damit ihr wirklich das Gute erfahrt und diese Kraft, die Ausdehnung und die Gesundheit eurer Organe. Diese Gesundheit eurer Organe ist so wichtig und wertvoll, denn sie halten diesen ganzen

Körper und alles aufrecht. Deshalb seid wirklich in diesem respektvollen schönen Miteinander, keine Verurteilung und Beurteilung, immer wieder dieses Einlassen auf die Freiheit.

Diese Leichtigkeit in euren Körpern, und dieser Frieden dehnt sich immer mehr aus, denn der Frieden und die Freiheit machen ja unbesiegbar. Deshalb waren auch schon auf der irdischen Frequenz, auf diesem großen, großen Manifest dieses Kontinents, keine Zäune, kein Nachbarschaftsstreit, keine Ebenen von dieser ganzen Erfahrung, dass sich so ein Nachbar immer wieder dafür zur Verfügung stellen muss. Wegen dieser fehlenden Kreativität und allem, was euch immer wieder manifestiert wird. Doch dass ihr wirklich unbesiegbar seid, das ist so wichtig in eurer DNA; wirklich unbesiegbar. Und ihr werdet auf dieser Plattform Lemurias jeden Tag immer mehr unbesiegbarer. Und das ist ja das Schöne und das Wichtige auch, unbesiegbar zu sein. In euren Gedanken, Worten und Handlungen auch unbesiegbar zu sein. Dass ihr immer stärker unbesiegbar werdet, dass ihr euch nicht immer wieder in dieser Involvierung verkeilt und nicht immer wieder in der Involvierung das Leben zum Toben bringt, in dieser Macht, in dieser Bewertung, denn das ist so eine Zerstörung. Deshalb, das war wirklich absolut diese große Macht Lemurias, davon frei zu sein. Und das war die große Macht des Aufstiegs. An solchen Plätzen könnt ihr doch wirklich sehen, was geschieht. Und gerade auch, dass ein Volk gemeinsam unbesiegbar ist, unzerbrechlich, dass eine Gemeinschaft unzerstörbar ist. Das ist wirklich immer wieder diese Begrenzung, die das Paradies nicht zulassen will. Doch das eine Gemeinschaft auch unbesiegbar wird, ein Volk unbesiegbar, dafür müssen die Menschen erst einmal wieder wissen, wie schön sie sind, wie genial sie sind, wie traumhaft sie sind, voller Visionen. Wenn ein Volk wieder voller Visionen und voller Lebendigkeit und voller Fülle ist, dann ist es unbesiegbar.

Alles ist schön – dieses Manifest auch im Körper wieder annehmen

Das ist auch mit den Zellen so, sechs Billionen Zellen dürfen unbesiegbar werden. Das ist so wichtig und wertvoll, dass ihr das wirklich erlebt in eurem Körper, diese Unbesiegbarkeit, dass jede Zelle wirklich unbesiegbar ist. Denn damit beginnt es, mit eurem Körper, dieses Manifest, diese Manifestation, damit beginnt diese Kraft und diese Veredelung und diese Schönheit eures Körpers, diese Schönheit Lemurias, alles war schön. Alles ist schön, dieses Manifest beginnt ja in euren Körpern. Alles ist schön! Und dadurch natürlich auch jeder Gedanke, jedes Wort, alles ist schön. Nicht jetzt irgendwie aus diesem Schweigen heraus, aus dieser Schweige-Energie heraus, aus diesem Manifest dieser Anspannung, sondern wirklich das zu spüren in euren Zellen, alles ist schön. Darum geht es jetzt: Alles ist schön, alles ist vollkommen in meinem Leben. Alles ist schön und voller Kreativität. Wenn ihr eure Organe anschaut, alles ist voller Kreativität. Und ihr könnt sie mit einem Gedanken lebendig machen oder zerstören. Was habt ihr selbst für eine grenzenlose Macht über euren Körper, über eure Gemeinschaft. Mit einem Gedanken, mit einem Wort, könnt ihr sie wirklich offenbaren oder zerstören. Und das ist so wichtig, dass euch das wirklich bewusst wird, was ihr für eine Macht habt über euch selbst, was ihr für eine Macht habt über euren Körper. Denn jede Zelle folgt der Aufmerksamkeit, und wenn ihr wirklich diese Kraft wieder erfahrt, diese Lebendigkeit, diese Schönheit, in eurem Körper zu sein, und dass ihr diesen Körper liebt, alles durchdringt mit der Liebe, jede Zelle, was habt ihr für eine Kraft. Und das ist Unbesiegbarkeit. Die Liebe macht euch unbesiegbar, immer erst einmal zu euch selbst. Deshalb seid wirklich in dieser Verbindung, dass ihr diese Klarheit in eurer DNA stärkt, diese Begegnung mit den Hologrammen, dass ihr sie löscht, diese Hologramme von Krankheit, Armut und Mangel.

Es ist immer wichtig zu hören, diesen Wind zu hören, die Pflanzen zu hören, diese Offenbarung, die Musik, diese Freundschaft und Begegnung auch mit den Elementen. Diese Offenbarung mit dieser Kreativität der Elemente. Dass ihr wirklich in dieser Freundschaft seid, in dieser Liebe mit euren Elementen, denn dann nehmen sie auch nichts, dann geben sie. Wenn ihr in der Feindschaft seid, in der Angst, dann nehmen sie euch. Doch wenn ihr in der Liebe seid mit dieser Kraft und mit dieser Schönheit, dann geben sie euch alles. Und deshalb seid wirklich in dieser göttlichen Freundschaft mit diesen Elementen, mit dieser Kraft der Erfahrung des Guten, mit dieser Botschaft des Guten, mit dieser Schönheit. Diese Liebe und diese ganze Kraft, die euch so leicht macht, nicht schwer, sondern ganz leicht. Dieser Wind Lemurias, so leicht, nicht schwer. Diese Schönheit Lemurias. Sykanau, der Meister der Schönheit Lemurias. Und so schnell könnt ihr euch verjüngen, so schnell könnt ihr wirklich diese Kraft der Unbesiegbarkeit erfahren, von allem, diese Unbesiegbarkeit.

Dann habt Freude an dieser Schönheit, an eurer wirklichen Schönheit, an eurer Kreativität eures wunderschönen Körpers, eurer Lebendigkeit, eurer Fülle, eurer Herzensfülle. Alles ist da, alles. Es ist ja alles in eurer DNA gespeichert, Lemuria ist in eurer DNA gespeichert, es hat auf eurem Planeten stattgefunden. Deshalb ist alles da, alles. Erschafft

Gemeinschaft, macht auch die Gemeinschaft in der Oronos Familie unbesiegbar, unkaputtbar, unzerstörbar. Das ist sehr, sehr wichtig auf diesem Planeten der Kreativität, Lemuria 0. Dieser wunderschöne Liebeswind Lemurias. Seid bereit, ihr seid so weich und so schön und so lebendig geworden. Macht weiter in dieser Kraft, in dieser Begegnung mit eurem Körper, in dieser Begegnung mit der wahren Lebendigkeit dieser Manifestation eures Körpers, diese große Manifestation. Seid in dieser Kraft, Lemuria ist noch da mit den Tieren und den Pflanzen und dieser Energie mit den Inseln. Thuria ist noch da. Was für eine Kraft.

Natara Jörg Loskant-Heim und „Kamasha"

Der Begriff „Kamasha" stammt aus dem Sanskrit und bedeutet „Quelle des Seins" – dorthin möchte Natara die Menschen, die zu ihm kommen, zurückführen. Durch Natara wirken geistige Kräfte, die umfangreiches Wissen aus verschiedenen Dimensionen mitbringen und den Heilungsprozess eines Menschen auf vielfältige Weise begleiten.

Natara ist ein Heiler und spiritueller Lehrer der neuen Zeit.

„Die Vision, die ich mit meiner Arbeit als Botschafter der unsichtbaren Welt und als Heiler umsetzen möchte, ist vor allem, Menschen im Herzen zu erreichen."

Um die Vision der Herzensarbeit zu manifestieren, gründete Natara Jörg Loskant-Heim im Jahre 2002 das Kamasha Therapie- und Ausbildungsinstitut (jetzt: Kamasha Akademie). Natara bereiste zunächst ganz Deutschland. Geleitet und inspiriert von Erzengel Michael folgten schnell Reisen rund um den Globus, um die Kamasha Vision bekannt zu machen. Seminare und Ausbildungen bei Natara sind eine außergewöhnliche Gelegenheit für tiefe Wandlungen. Nataras „Röntgen-Blick" dringt bis zu den Wurzeln eines körperlichen oder seelischen Konfliktes durch und schafft somit die Basis für eine erfolgreiche Transformation. Bei zahlreichen Menschen, die als „austherapiert" galten oder von der klassischen Medizin aufgegeben wurden, hat dieser neue Ansatz bereits viele Wunder bewirkt.

Seit 2009 channelt Natara einen „Meister aus dem Quantenfeld" namens Oronos. Kraftvoll und direkt leitet Oronos die Menschen an, sich einer neuen Weltsicht zu öffnen. Er hat eine neue Dimension des Wirkens für Natara eröffnet und lässt in tiefen Nächten, Seminar- und Ausbildungstagen große Heilung geschehen. Mittlerweile sprechen und wirken auch die Meister aus dem Volk von Oronos sowie andere Meister durch Nataras Körper. Einzigartig ist jedoch, dass Oronos und die 1000 Meister seines Volkes ausnahmslos durch Natara gechannelt werden. Diese übernehmen während eines Walk-ins komplett Nataras Körper, dessen Bewusstsein für diese Zeit der Volltrance komplett den Körper verlässt.

Hinweis: Kamasha®, Natara® und Oronos® sind eingetragene Wortmarken. Die Gespräche mit Erzengel Michael, 7 Seelenländer, Geistige Chirurgie mit Oronos® nach Natara®, QUANTENFELD-INTUITIONS-COACH nach Oronos®/Natara®, Herzens-Lichtkörperprozess nach Natara®, Lichtnahrungsprozess nach Natara®, Goldene Kristalline DNA nach Natara®, Mediale Heiler-Ausbildung nach Natara®, Programmiere Deine eigene DNA nach Natara®, Kamasha® Lebendigkeits-Berater nach Natara®, Einweihung in die 3 lemurianischen Kristalle mit Natara®, Einweihung in die lemurianischen Codes für Heilung und Verjüngung nach Natara®, Lemuria-Gen-Aktivierung nach Natara®, Kosmische Organanatomie-Berater nach Yamsaro/Natara®, „Der Besitz deiner fremdbestimmten DNA-Stränge ist vorbei!" mit Anvatys nach Natara®, Aminosäuren-Berater nach Natara® sowie die Namen aller Meister aus dem Volk von Oronos® sind nicht für eigene Zwecke zu nutzen, sondern nur im Zusammenhang mit dem Hinweis auf Kamasha®. Der Einfachheit wegen wird auf die vorgeschriebene Schreibweise im Folgenden verzichtet. Sämtliche Inhalte, Unterlagen und Informationen, die von Kamasha® schriftlich und digital präsentiert und zur Verfügung gestellt werden, sind inhaltliches Eigentum der Kamasha® Akademie GmbH & Co. KG und dürfen weder vervielfältigt noch an Dritte weitergegeben werden.